千古奇案系列

梦回大唐
看奇案

姜正成◎著

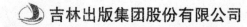吉林出版集团股份有限公司

图书在版编目（CIP）数据

梦回大唐看奇案 / 姜正成著 . —长春：吉林出版
集团股份有限公司，2018.7（2022.6 重印）

ISBN 978 - 7 - 5581 - 5543 - 7

Ⅰ . ①梦… Ⅱ . ①姜… Ⅲ . ①中国历史—唐代—通俗
读物 Ⅳ . ①K242.09

中国版本图书馆 CIP 数据核字（2018）第 149781 号

梦回大唐看奇案

著　　者	姜正成
责任编辑	白聪响
出版统筹	齐　琳
开　　本	710mm×1000mm　1/16
字　　数	150 千
印　　张	11.25
版　　次	2018 年 7 月第 1 版
印　　次	2022 年 6 月第 2 次印刷

出版发行　吉林出版集团股份有限公司

电　　话　总编办:010 - 63109269
　　　　　　发行部:010 - 63109269

印　　刷　北京洲际印刷有限责任公司

ISBN 978 - 7 - 5581 - 5543 - 7　　　　　　　　　　定价：58.00 元

前　言

　　唐朝是我国农耕技术发生划时代变化的关键时期。在世界历史上，我国是以出产丝织品和陶瓷而著称的国家，造纸业也是在我国首先发展起来的手工业，隋唐五代时期，这三种具有代表性的手工业生产都取得了辉煌的成就。唐朝商品经济的发展，是造就当时社会繁荣景象的一个重要条件。随着商品经济的发展，社会上富商大贾、蕃商遍及名都巨邑，大城市的经济实力不断增强，商品经济的不断加强成为时代的特色。隋唐五代时期文学和艺术的繁荣景象令人惊叹，诗歌、音乐、舞蹈、绘画、雕塑、书法和工艺等各个领域都取得了惊人的成就，呈现出万紫千红、百花争艳的景象。苏轼曾经说过："君子之于学，百工之于技，自三代历汉，至唐而备矣，故诗至于杜子美，文至于韩退之，书至于颜鲁公，画至于吴道子，而古今之变，天下之能事毕矣！"

　　这是一个大气磅礴的王朝，拥有近290年的历史，虽然"贞观之治""开元盛世"并未贯穿其始终，但后世在评说的时候，总是以"盛唐气

象"来赞美其当时的繁华景象。

唐朝的历史,在中国五千年的岁月中,是真实的,但亦如一场梦。说它真实是因为它的存在确实在浩瀚史籍中留下了不少辉煌的印记,而说它如一场梦,也正是因为它虽然辉煌,但最后却并未能逃脱"朝代变迁、历史兴亡"的铁律。它和之前的所有朝代一样,再辉煌也终将落幕,生然后兴,而后亡。曲终人散以后,所有的辉煌或不堪被后代帝王奉为范式或者引以为戒,前人的历史就此留在发黄的史书上,任人评说,千古如此。

一代英明圣主李世民,傲视男权社会的武则天,爱江山更爱美人的唐玄宗……这些人物的存在,毫无疑问地影响着中国历史。而后世的我们所知道的历史,也不过是后人的记载而已。所以,在历史变迁以后,为他们悲或者歌,都已经不太重要。还原历史的真相?真相自在历史之中,我们想要还原的是一种心情,一种历史的厚度和沧桑,让您在这浮躁的社会里,能去认真地感知——原来,历史可以这样真实地存在。而在世俗生活中,我们每个人都是自己历史的创造者,过好自己的生活,也就赢得了自己永恒的历史。走过短暂而又漫长的一生以后,您最终会发现——历史原来存在于时光的慢慢流淌中!

历史是极其生动活泼的,是人类经验与智慧的宝库。人们都希望穿越时间隧道,能够回到过去,从历史中汲取养分,从历史中获得乐趣。如果弄明白了历史刻画下的人类活动轨迹,我们就能了解过去,把握未来。不管怎么说,那是一个诗意的时代,那是一个牡丹花肆意开放的时代,那是一个留下无数经典诗歌的时代!为此,我们将其深刻铭记!除了缅怀,还有奋起!

由于编者水平有限,书中难免会出现一些问题,还望读者多多批评指正。

上篇 扑朔迷离的皇权争斗

唐朝是中国历史上封建社会发展的高峰，在政治、经济、文化上均处于当时世界上最领先的地位。然而自"安史之乱"后，唐朝的国力急转直下，整个国家由盛而衰。从"安史之乱"之后，维系李唐统治的皇权体系不断衰落，进而完全丧失对政权的控制，最终导致了王朝的灭亡。

下篇 谜团重重的臣妾之殇

唐朝除了武则天，还出现了韦后、安乐公主、太平公主等一批干政的女性。这种现象的出现，自有它社会的、种族文化的，以及个人的因素。臣与君，君与妾，他们之间发生了太多不为人知的秘密。

附 录

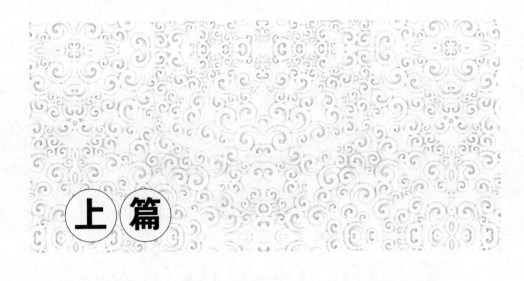

扑朔迷离的皇权争斗

　　唐朝是中国历史上封建社会发展的高峰，在政治、经济、文化上均处于当时世界上最领先的地位。然而自"安史之乱"后，唐朝的国力急转直下，整个国家由盛而衰。从"安史之乱"之后，维系李唐统治的皇权体系不断衰落，进而完全丧失对政权的控制，最终导致了王朝的灭亡。

唐太宗李世民改写历史
——"玄武门之变"之谜

　　唐朝初期在玄武门上演了一场杀兄夺位的血案，从此诞生了中国历史上一位杰出的皇帝李世民。

二子争储，明争暗斗

　　隋大业十三年（617年）五月，太原留守、唐国公李渊在晋阳起兵，在次子李世民的支持下，十一月占领长安。隋炀帝被弑之后，李渊拥立隋炀帝孙子代王杨侑为帝，改元义宁，即隋恭帝。李渊任大丞相，进封唐王。义宁二年（618年）五月，李渊篡隋称帝，定国号为唐，并立长

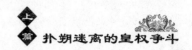

子李建成为太子。太原造反本是李渊本人的主意，但《唐书》中却说太原造反是李世民的谋略，因为李渊曾答应他事成之后立他为太子。待天下平定后，李世民功名日盛，李渊却犹豫不决。同时，李建成随即联合李元吉，排挤李世民。因此，正是李渊的优柔寡断使得朝中政令相互冲突，加速了诸子之间的兵戎相见。

李渊晚年宠幸的嫔妃很多，生了近二十位小皇子，他们的母亲争相交结各位年长的皇子来巩固自己的地位。李建成和李元吉都曲意侍奉各位妃嫔，奉承献媚、馈赠贿赂，以求得皇帝的宠爱。此外也相传他们与张婕妤、尹德妃私通乱伦，宫禁重地幽深神秘，此事已无从证实。当时，太子东宫、各王公、妃主之家以及后宫妃嫔的亲属，在长安横行霸道，为非作歹，而衙门却不敢追究。李世民住在承乾殿，李元吉住在武德殿后院，他们的住处与皇帝寝宫、太子东宫之间可以日夜通行，不再有所限制。太子与秦、齐二王出入皇帝寝宫，均乘马、携带刀弓，彼此相遇也只按家人行礼。太子所下达的令，秦、齐二王所下达的教令和皇帝的诏敕并行，有关部门不知该听哪个的命令，只能按照收到的先后为准。如此混乱的局面中，唯有李世民不去讨好诸位妃嫔，所以嫔妃们很生气，争相称赞李建成、李元吉，而诋毁李世民。

李世民平定了盘踞在洛阳的王世充以后，李渊让贵妃等几人到洛阳挑选隋朝宫女和收取仓库里的珍宝。贵妃等人私下向李世民索要宝物并为自己的亲戚求官，李世民回答道："宝物都已经登记在册上报朝廷了，官位应当授予贤德、有才能和有功劳的人。"李世民没有答应她们的任何要求，因此妃嫔们更加恨他。李世民因为淮安王李神通有功，拨给他几

十顷田地。但是，张婕妤的父亲通过张婕妤向高祖请求要这些田地，李渊手写敕令将这些田地赐给他，李神通因为秦王的教令在先，所以不让田地。于是，张婕妤向高祖告状道："陛下敕赐给我父亲的田地，被秦王夺去给了李神通。"李渊因此发怒，责备李世民说："难道我的手敕不如你的教令吗？"过了些天，李渊对左仆射裴寂说："这孩子长期在外掌握军队，受书生们教唆，已经不再是原来的那个儿子了。"尹德妃的父亲尹阿鼠骄横跋扈，秦王府的官员杜如晦经过他的门前，尹阿鼠的几名家僮把杜如晦拽下马，揍了他一顿并打断了他一根手指，说道："你是什么人，胆敢过我的门前不下马！"但尹阿鼠怕李世民告诉皇帝，便先让尹德妃对皇帝说："秦王的亲信欺侮我家人。"李渊又生气地责备李世民说："我的妃嫔家人都受你身边的人欺凌，何况是小老百姓！"李世民虽然反复为自己辩解，但李渊始终不相信他。

李世民每次在宫中侍奉李渊宴饮，面对诸位妃嫔，想起母亲"太穆皇后"死得早，没能看到李渊坐拥天下，有时不免叹气流泪，李渊看到后很不高兴。各位妃嫔也趁机暗中诋毁李世民道："天下幸好平安无事，陛下年寿已高，好容易开心一回，而秦王总是一个人流泪，这实际上是憎恨我们，陛下作古后，我们母子必定不为秦王所容，会被杀得一个不留！"并且相互对着流泪，说："皇太子仁爱孝顺，陛下将我们母子托付给太子，必然能获得保全。"于是李渊打消了改立太子的念头，对李世民逐渐疏远，而对李建成、李元吉却日益亲密。

太子中允王圭、太子洗马魏徵劝说太子道："秦王功盖天下，内外归心；而殿下不过是因为年长才被立为太子，没有大功可以镇服天下。

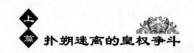

现在刘黑闼的兵力分散逃亡之后，剩下不足一万人，又缺乏粮食物资，如果用大军进逼，势如摧枯拉朽，殿下应当亲自去攻打以获得功劳名望，趁机结交山东的豪杰，也许就可以保住自己的地位了。"于是太子向李渊请求带兵出征，高祖答应了。武德五年十一月初七甲申日（622年12月14日），李渊下诏命太子李建成带兵讨伐刘黑闼，陕东道大行台及山东道行军元帅，黄河以南、以北各州均受建成处置，他有权随机行事。

齐王李元吉劝说太子建成趁早除去秦王李世民，他说："我自当替哥哥亲手将他杀掉！"当李世民随从李渊前往李元吉的府第，李元吉命令护军宇文宝埋伏在寝室里，准备刺杀李世民。但李建成生性颇为优柔寡断，连忙制止了他。李元吉恼怒地说："我这是为哥哥着想！"

李建成擅自召募长安及各地的骁勇之士两千多人，充当东宫卫士，让他们分别在东宫左右长林门驻扎下来，号称长林兵。此外，他还暗中让右虞候率可达志，从燕王李艺那里调集来幽州骁勇精锐的骑兵三百人，将他们安置在东宫东面的各个坊市中，准备用他们来补充在东宫担任警卫的低级军官，结果被人告发。李渊召见李建成，把他责备了一番，将可达志流放。

庆州都督杨文干曾经在东宫担任警卫，李建成亲近并厚待他，私下里让他募集勇士，送往长安。李渊准备前往仁智宫，命令李建成留守京城，李世民与李元吉一起随行。李建成让李元吉乘机图谋李世民，他说："关系到我们安危的大计，就决定在今年了！"李建成又指使郎将尔朱焕和校尉桥公山将盔甲赠给杨文干。两人来到豳州的时候，上报发生变故，告发太子指使杨文干起兵，让他与自己内外呼应，还有一位宁州人杜风

举也前往仁智宫讲了这一情形。李渊大怒，借口有别的事情，以亲笔诏书传召李建成，让他前往仁智宫。李建成心中害怕，不敢前去。太子舍人徐师谟劝他占据京城，发兵起事，但是，詹事主簿赵弘智劝他免去太子的车驾章服，屏除随从人员，到李渊那里去承认罪责。

武德七年六月廿四壬戌日（624 年 7 月 14 日），李建成决定前往仁智宫。还没有走完六十里的路程，李建成便将所属官员全部留在北魏毛鸿宾遗留下来的堡栅中，带领十几个人骑马前去进见李渊，向父皇伏地叩头，承认罪责，并身体猛然用力，将自己摔了出去，几乎晕死过去。李渊的怒气仍然没有消除，当天夜里，李渊将他囚禁在帐篷里，给他麦饭充饥，让殿中监陈福看守着他，同时，派遣司农卿宇文颖速去传召杨文干。宇文颖来到庆州，将情况告诉了杨文干。于是，杨文干起兵造反。李渊派遣左武卫将军钱九陇和灵州都督杨师道攻击杨文干。

六月廿六甲子日（7 月 16 日），李渊传召秦王李世民商量此事。李世民说："杨文干竟敢做这种狂妄叛逆的勾当，想来他幕府的僚属应当已经将他擒获并杀掉了。如果不是这样，就应当派遣一员将领去讨伐他。"李渊说："杨文干的事情关连着建成，恐怕响应他的人为数众多。你最好亲自前往，回来以后，我便将你立为太子。我不愿意效法隋文帝去诛杀自己的儿子，到时就把建成降为蜀王。蜀中兵力薄弱，如果以后他能够事奉你，你应该保全他的性命；如果他不肯事奉你，你要捉拿他也容易啊。"

高祖因为仁智宫建造在山中，担心盗兵突然发难，便连夜率领担任

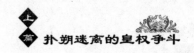

警卫的军队从南面开山路出来。走了数十里地的时候，太子东宫所属的官员相继到来，李渊让大家一概以三十人为一队，分派军队包围、看守着他们。直到第二天，李渊才又返回仁智宫。

李世民出发以后，李元吉与嫔妃轮番替李建成求情，封德彝又在外朝设法解救李建成。于是，李渊改变了初衷，又让李建成回京城留守。李渊只以他致使兄弟关系不和睦的过错而责备他，并将罪责推给了太子中允王圭、左卫率韦挺和天策上将府兵曹参军杜淹，将他们一并流放。当初，洛阳平定以后，杜淹长时间没有得到升迁，打算谋求事奉李建成。房玄龄认为杜淹狡诈的招数很多，担心他会教唆引导李建成，如此便越发对李世民不利，便向李世民进言，将杜淹推荐到天策上将府任职。

七月初一己巳日（7月21日），杨文干攻陷宁州，驱赶劫掠官吏与百姓出城，占据了百家堡。秦王李世民的军队来到宁州以后，杨文干的党羽便全部溃散。七月初五癸酉日（7月25日），杨文干被自己的部下杀死，他的头颅被传送到京城。李世民提获了宇文颖，将他杀掉。

李建成进谗，太子下毒

有人劝李渊说："突厥之所以屡次侵犯关中地区，是由于我们的人口与财富都集中在长安的缘故。如果烧毁长安，不在这里定都，那么胡人的侵犯便会自然平息下来了。"李渊认为有道理，便派遣中书侍郎宇文士及越过终南山，来到樊州、邓州一带，巡视可以居留的地方，准备迁都。太子李建成、齐王李元吉和裴寂都赞成这一策略，萧瑀等人虽然知道不应当如此，却不敢谏阻，但秦王李世民挺身而出，劝谏道："北方少数民族为祸中原的情况自古就有。陛下凭着圣明英武，创建新王朝，安定中夏，拥有百万精兵，所向无敌，怎么能因有胡人搅扰边境，便连忙迁都来躲避他们，使举国臣民感到羞辱，让后世来讥笑呢？霍去病不过是汉朝的一员将领，尚且决心消灭匈奴，何况儿臣还愧居藩王之位呢！希望陛下给我几年时间，我要把绳索套在颉利的脖子上，将他逮到宫阙之下。如果到时候不成功，再迁都也为时不晚。"李渊说："说得好。"李建成却说："当年樊哙打算率领十万兵马在匈奴人中间纵横驰骋，结果失败了，秦王的话该不会是和樊哙的相似吧！"李世民说："面对的情况各有区别，用兵的方法也不相同。樊哙有什么值得称道的呢！不超过

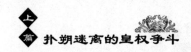
十年，我肯定能够将漠北地区平定下来，并不是凭空妄言啊！"于是，李渊不再迁都，李建成与嫔妃因而共同诬陷李世民说："虽然突厥屡次在边疆上为祸，但只要他们得到财物就会撤退。秦王假托抵御突厥的名义，实际上是打算总揽兵权，成就他篡夺帝位的阴谋罢了！"

李渊在京城南面设场围猎，太子李建成、秦王李世民和齐王李元吉都随同前往，李渊命令三个儿子骑马射猎，角逐胜负。李建成有一匹胡马，膘肥体壮，但是喜欢尥蹶子，李建成将这匹胡马交给李世民说："这匹马跑得很快，能够越过几丈宽的涧水。二弟善于骑马，骑上它试一试吧。"李世民骑着这匹胡马追逐野鹿，胡马忽然尥起后蹶，李世民跃身而起，跳到数步以外站稳，胡马站起来以后，李世民再次骑到马身上，这样的情况连续发生了三次。李世民回过头来对宇文士及说："他打算借助这匹胡马害我，但人的生死自有命运决定，就凭他们能够伤害到我吗？"李建成听到此言，乘机教唆与他偷情的嫔妃在李渊耳边诬陷李世民："秦王自称'上天授命于我，正要让我去做天下的主宰，怎么会早早死去呢'！"李渊大怒，先将李建成、李元吉二人召来，然后又把李世民召来，责备他道："谁是天子，上天自然会授命于他，不是人的智力所能够谋求的。你谋求帝位之心怎么这般急切呢！"李世民摘去王冠，伏地叩头，请求将自己交付执法部门查询证实自己没有说过这种悖逆之话。虽然李渊仍然怒气不息，但适逢有人奏称突厥前来侵扰，李渊这才转而劝勉李世民，让他戴上王冠，系好腰带，与他商议对付突厥的办法。

武德七年闰七月廿一已未日（624年9月9日），李渊颁布诏书命令李世民与李元吉率领兵马由幽州出发抵御突厥，在兰池为他们饯行。每

当发生敌情，李渊总是命令李世民前去讨伐敌人，但在战事平息以后，李渊对李世民的猜疑却越发加重。

秦王李世民与太子李建成、齐王李元吉产生嫌隙以后，他认为洛阳地势优越便利，担心总有一天会发生变故，便打算离开京城驻守此地。所以李世民就让行台工部尚书温大雅镇守洛阳，派秦王府车骑将军张亮率领亲信王保等一千多人前往洛阳，暗中结交崤山以东的豪杰，静待事态变化，并拿出大量的金银丝帛，任凭他们使用。李元吉告发张亮图谋不轨，张亮被交付法官考察验证。但张亮从始至终一言不发，朝廷便释放了他，让他返回洛阳。

李建成在夜间召来李世民，与他饮酒，暗中在酒中下毒害他。李世民突然心痛，吐血数升，淮安王李神通搀扶着他返回西宫。李渊来到西宫，询问李世民的病情，敕令太子建成："秦王向来不善于饮酒，从今以后，你不能够再与他在夜间饮酒。"李渊又对李世民说："首先提出反隋的谋略，消灭敌雠，平定海内，都是你的功劳。我本打算立你为太子，你却坚决推辞。而且，建成年纪最大，被立为太子已经很长时间了，我也不忍心夺去他的太子之位。我看你们兄弟似乎难以相容，一起住在京城里，肯定要发生纷争，我应当派你返回行台，留居洛阳，陕州以东的广大地区都归你主宰。我还要让你设置天子的旌旗，如汉朝梁孝王的故事。"李世民号啕大哭，以不愿意远离父皇膝下为由表示推辞。李渊说："天下都是一家，东都和西都两地，路程很近，只要我想念你，便可动身前往，你不用烦恼悲伤。"李世民准备出发的时候，李建成和李元吉一起商议说："如果秦王到了洛阳，拥有了土地与军队，我们便再也不能控制他了，不如将他留在长安，这样他就只是一个匹夫而已，捉住他也就容易了。"于是，他们暗中让好几个人密奏高祖，声称："秦王身边的人得知秦王要前往洛阳，无不欢欣雀跃。看秦王的意向，恐怕他不会再回长安了。"他们还指使李渊宠信的官员以秦王去留的得失利弊来劝说李渊，李渊便改变了主意，秦王前往洛阳的事情又搁置了。

李建成、李元吉与后宫的嫔妃日夜不停地向李渊诬陷李世民，李渊信以为真，便准备惩治李世民。陈叔达进谏说："秦王为天下立下了巨大的功劳，是不能够废黜的。况且，他性情刚烈，倘若加以折辱贬斥，恐怕经受不住内心的忧伤愤怒，一旦染上难以预料的疾病，陛下后悔还来得及吗？"于是，李渊没有处罚李世民。李元吉暗中请求杀掉秦王李世民，李渊说："他立下了平定天下的功劳，而他犯罪的事实并不显著，用什么作为借口呢？"李元吉道："秦王刚刚平定东都洛阳的时候，观望形势，不肯返回，散发钱财丝帛，以便树立个人的恩德，又违背陛下的敕命，不是谋反又是什么！应该赶紧将他杀掉，何必担心找不到借口！"李渊不答应。

秦王府的幕僚属官人人忧虑，个个恐惧，不知所措。行台考功郎中房玄龄对比部郎中长孙无忌说："现在仇怨已经造成，一旦祸患暗发，岂只是秦王府不可收拾，实际上社稷的存亡都成问题。不如劝说秦王采取与周公平定管叔、蔡叔相似的行动，以便安定皇室与社稷。存亡的枢机，形势的危急，就是现在了！"长孙无忌说："我有这一想法已经有很长时间了，只是不敢说出口。现在你说的这一席话，正好符合我的心愿。请让我代您禀告秦王。"于是，长孙无忌进入李世民的卧室告诉了李世

民。李世民把房玄龄召来商议此事，房玄龄说："大王功盖天地，应当继承大业。现在大王担心危机发生，正是上天在帮助大王啊。希望大王不要疑惑不定了。"于是，房玄龄与秦王府属官杜如晦共同劝说李世民诛杀李建成、李元吉。

另一方面，李建成、李元吉也因为秦王府拥有许多骁勇的将领而有所忌惮，打算引诱他们为己所用，便暗中将一车金银器物赠送给左二副护军尉迟恭，并且写了一封书信劝他说："希望得到您的屈驾眷顾，以便加深我们之间的布衣之交。"尉迟恭推辞说："我原是编蓬为户、破瓮作窗人家的小民，遇到隋朝末年战乱不息、百姓流亡的时局，长期沦落在抗拒朝廷的境地里，罪大恶极，死有余辜。秦王赐给我再生的恩典，如今我又在秦王府为官，愿以死报答秦王。我没有为殿下立过功，不敢凭空接受殿下如此丰厚的赏赐。倘若我私自与殿下交往，就是对秦王怀有二心，就是见利忘义的小人，殿下要这种人又有什么用呢！"李建成听了大怒，便与他断绝了往来。尉迟恭也将此事告诉了李世民，李世民说："明公对我的忠心就像山岳那样坚实牢靠，即使他赠送给您的金子堆积到了北斗星，我知道明公的忠心还是不会动摇的。以后他赠给您什么，您就接受什么，这又有什么值得猜疑的呢！况且，这样做能够了解到他的阴谋，难道不是一个上好的计策吗！否则，祸事就将降临到您头上了。"不久，李元吉指使勇士在夜间刺杀尉迟恭，尉迟恭得知这一消息以后，将层层门户敞开，自己安然躺着不动，刺客屡次来到他的院子，终究没敢进屋。于是，李元吉向李渊诬陷尉迟恭，把他关进特设的监狱里审问治罪，准备将他杀掉，由于李世民再三请求保全他的生

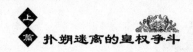

命，这才得以幸免。李元吉又诬陷左一马军总管程知节，李渊将他外放为康州刺史。程知节对李世民说："大王的辅佐之臣快走光了，大王自身又怎么能够长久呢！我誓死不离开京城，希望大王及早定下计策。"李元吉又用金银丝帛引诱右二护军段志玄，段志玄不肯从命。李建成对李元吉说："在秦王府有智谋才略的人物当中，值得畏惧的只有房玄龄和杜如晦。"李建成与李元吉又向李渊诬陷他们二人，使他们遭到斥逐。

如此一来，李世民的心腹只剩下长孙无忌还留在秦王府中，他与他的舅舅雍州治中高士廉、右候车骑将军侯君集以及尉迟恭等人，夜以继日地劝说李世民诛杀李建成和李元吉，但李世民仍然犹豫不决。

玄武门之变，大局已定

　　唐高祖武德九年六月初四的清晨，一切看起来都跟往常一样。李建成和李元吉会合之后，从东边走近玄武门。让李建成比较放心的是，玄武门这个最重要的地点，守卫的将军是自己的人。但是，他做梦也没有想到，玄武门屯守的将军，对于将要发生的战斗，要么抱着观望态度，要么早已跟随了李世民，唯独没有人肯为他拼命。其中，当天在玄武门当值的常何，正是李世民从太子阵营里争取过来的军官，而他在这一天，却起到了关键作用。史书记载，李建成、李元吉到达临湖殿的时候，发现情况异样，立刻回撤，但是已经来不及了。李世民出现了，高声叫住李建成。我们不知道李世民说了些什么话，在大战来临之际，显然李世民要显示出从容镇定的样子。而此时，李世民的伏兵出现了，他们全副武装，杀气腾腾。李元吉首先摘下弓箭，但是由于他太紧张了，竟然再三拉不开弓搭不上箭。李世民沉着冷静，一箭射出，箭头穿过李建成的喉咙，李建成当场毙命。这是玄武门事变的第一箭，是由李世民亲自发出的，这第一箭就定了乾坤。随着李世民的第一箭划破玄武门清晨浓重的空气，李世民的伏兵众箭齐发。

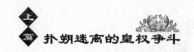
　　双方的混战开始，李世民的马受了惊，跑到丛林里，李世民被挂到树上，一时间人马受困，不能动身。当他发出第一箭以后，自己也被这一箭吓呆了。大哥的眼睛好像就没有眨过，一直圆睁睁地看着自己。他眼看着大哥喉咙上插着自己射出的那一箭，一声不响地从马上翻落，再也没有动弹过。他知道，他的亲兄弟，让自己这一箭彻底送走了。他心中方寸已乱，竟然忘记了控制坐骑。当他终于醒过来的时候，马已经被树枝绊住，自己也被困住不能动弹。更没有想到的是，他受困的地点正好距离李元吉很近。李元吉见况，立刻奔来，夺下李世民的弓箭，准备用弓弦勒死李世民。就在这千钧一发之际，尉迟敬德一边大喊，一边纵马赶到。李元吉一看敌我悬殊，便转身逃跑，想跑回武德殿。尉迟敬德立即向他的背后开弓射箭。这是玄武门事变的第二箭，也是非常重要的一箭，这一箭解决了第二号人物。尉迟敬德和李元吉，天下最擅长使用长矛的两个人，但在最后决战时刻，竟然没有长矛，只有弓箭。当初，李元吉发誓要亲手杀掉尉迟敬德，他可能从来没有想到过会有今天这样的场面。长箭带着风声，深深地穿进李元吉的身体，李元吉一头跌倒在地。尉迟敬德是战场上的老手，他在一箭杀了李元吉之后，竟然从容取下李元吉的人头。当然，李建成的人头也被取下。李世民和他的伏兵一起，迅速进入玄武门。不久，东宫和齐王府的卫兵也赶到玄武门，开始攻打玄武门。这时，李世民的秦王府是没有设防的，所以当东宫的薛万彻高喊要去攻打秦王府的时候，守卫在玄武门上的将士非常紧张。这时，尉迟敬德将李建成和李元吉的人头高高举起，让士兵们知道他们的首领已死，继续作战没有意义。于是李建成、李元吉的军队开始溃散。

　　至今为止，我们实际上都没有交代玄武门之变的一个重要信息：以上这些活动都是在什么地方发生的？当然是在玄武门附近。但是，是玄武门的外面还是里面呢？很多影视作品都认为战斗发生在玄武门之内，李世民是在玄武门之内设伏的，但历史真相应该是在玄武门之外发生的战斗。首先，李建成他们并没有到达李世民理想的伏击地点，就觉察出了问题，拨马回头，于是李世民高声叫住李建成。如果是在玄武门内，李建成就是发觉也没有回头的可能了，因为大门已经在他们的身后关闭了。其次，李元吉曾经想跑回武德殿，这也应该是玄武门外的事情。再次，一定有东宫和齐王府的人跑回去了，所以东宫和齐王府增援的人马才会很快到达。因为玄武门的守军在这个时候没有人站在李建成的一边，如果发生在玄武门之内，他们当然不会允许有人再从大门逃出去报信。

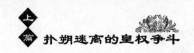

秦王夺权，尽弃前嫌

政变发生时，李渊正在宫内的海池的游船上，李世民让尉迟恭入宫担任警卫。尉迟恭身披铠甲，手握长予，径直来到李渊所在的船上。高祖大惊，问道："今日作乱的人是谁？爱卿到此做什么？"尉迟恭答道："因为太子和齐王作乱，秦王起兵诛杀了他们。秦王殿下担心惊动陛下，故派臣担任警卫。"李渊对裴寂等人说："不料今天竟然会出现这种事情，你们认为应当怎么办呢？"萧瑀和陈叔达说："李建成与李元吉本来就没有参与举义兵反抗隋朝的谋略，又没有为天下立功劳。他们嫉妒秦王功劳大，威望高，便一起策划奸邪的阴谋。现在，秦王已经声讨并诛杀了他们，秦王天下归心，陛下如果能够决定立他为太子，将国家大事委托于他，就不会再生事端了。"李渊说："好！这正是我素来的心愿啊。"当时，宿卫军和秦王府的兵马与东宫和齐王府的亲信交战还没有停止，尉迟恭请求李渊颁布亲笔敕令，命令各军接受秦王的处置，李渊听从了他的建议。天策府司马宇文士及从东上阁门出来宣布敕令，众人就此安定下来。

原东宫和齐王府的女眷则全部收入宫中，后来成为李世民的后宫组

成部分，其中较著名的是原来李元吉的妻子杨氏，李元吉死后，被李世民纳为妾，但没有正式封号，宫中呼为"巢剌王妃"，十分受宠，是长孙皇后去世以后唯一一个生下子女的嫔妃，李世民甚至有立她为皇后之意。这也是李世民为部分学者所诟病的原因，认为他霸占弟媳，有悖伦常。不过，也有学者认为，李唐皇室本就较中原汉族更为开放，兄纳弟媳很正常，他们的思想中乱伦的概念较为淡薄。

秦王府诸将领准备将李建成和李元吉的一百多名亲信全部诛杀，并将他们的家产没收官府，尉迟恭再三说："罪孽都是两个元凶所犯，而他们已经伏诛了，倘若还要牵连他们的党羽，就不是谋求安定的做法了！"于是诸将领停止了追杀。当天，李渊颁布诏书赦天下，叛逆的罪名只加给李建成和李元吉二人，对其余的党羽，一概不加追究。

六月初七癸亥日（7月5日），李渊立秦王李世民为皇太子，又颁布诏书："从今天起，军队和国家的各项事务，无论大小，全部委托太子处理和决定，然后再报告给朕。"

政变后的第一天，即武德九年六月初五辛酉日（626年7月3日），冯立和谢叔方都主动出来负罪。薛万彻逃亡躲起来以后，李世民曾多次让人提示他，最终他也出来了。李世民说："这些人都能够忠于自己所事奉的人，是义士啊！"便都赦免了他们。

六月十二戊辰日（7月10日），高祖任命政变功臣宇文士及为太子詹事，长孙无忌与杜如晦为左庶子，高士廉与房玄龄为右庶子，尉迟恭为左卫率，程知节为右卫率，秦王府旧臣虞世南为中舍人，褚亮为舍人，姚思廉为太子洗马，论及政变的功劳，以长孙无忌和尉迟恭为

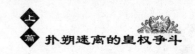

第一，分别赐绢一万匹。李渊还将特别嘉奖尉迟恭，慰劳他说："爱卿对于国家来说有安定社稷的功劳。"并把齐王国司的金银布帛器物全部赏赐给尉迟恭。

当初，担任太子洗马的魏徵经常劝说太子建成及早除去秦王。李建成败亡后，六月十二戊辰日（7月10日），李世民传召魏徵，问道："你为什么挑拨我们兄弟的关系呢？"大家都为魏徵担惊受怕，魏徵却举止如常地回答道："如果已故的太子早些听从我的谏言，肯定不会有今天的祸事。"李世民素来器重魏徵的才能，便改变了原来的态度，对他以礼相待，引荐他担任詹事主薄。李世民还将王圭和韦挺从巂州（今四川西昌市）召回，两人和魏徵一起都担任了谏议大夫。

同一天（7月10日），任命政变功臣屈突通为陕东道行台左仆射，镇守洛阳。七月初三己丑日（7月31日），以秦王府护军秦琼为左卫大将军，又以程知节为右武卫大将军，尉迟恭为右武侯大将军。

七月初六壬辰日（8月3日），以高士廉为侍中，房玄龄为中书令，萧瑀为左仆射，长孙无忌为吏部尚书，杜如晦为兵部尚书。

七月初七癸巳日（8月4日），以宇文士及为中书令，封德彝为右仆射；又以前天策府兵曹参军杜淹为御史大夫，前任中书舍人颜师古、刘林甫为中书侍郎，左卫副率侯君集为左卫将军，左虞候段志为骁卫将军，副护军薛万彻为右领军将军，右内副率张公谨为右武候将军，右监门率长孙安业为右监门将军，右内副率李客师为领左右军将军。至此，李世民完全掌握了全国军政大权。

太子李建成和齐王李元吉的余党流散逃亡到民间，虽然朝廷连续颁

布赦免令，他们仍然感到内心不安，图谋侥幸获利的人争相告发捕捉他们，以此邀功请赏。谏议大夫王圭将这种情况告诉了太子李世民，七月初十丙申日（8月7日），李世民颁布太子令："六月四日玄武门之变以前与东宫和齐王府有牵连的人、六月十七日以前与李瑗谋反有牵连的人，一概不允许相互告发，对违反规定的人以诬告罪论处。"

七月十一丁酉日（8月8日），朝廷派遣谏议大夫魏徵安抚崤山以东地区，允许他见机行事。

李世民即位后，于贞观十七年二月廿八戊申日（643年3月23日）下令将宫廷画师阎立本所画的辅佐他平定天下、安邦治国的二十四位功臣的画像悬挂于宫中凌烟阁之上，世称这二十四位功臣为"凌烟阁二十四功臣"，其中大部分功臣都参与了"玄武门之变"的谋划，在政变前就属于李世民一党或支持李世民一党，也有如魏徵这样原太子李建成一党、后来为太宗所用的能臣。

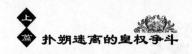
悬而未决，谜团重重

"玄武门之变"有几个问题至今悬而未决。

第一个问题：事变的始作俑者。李渊的皇后窦氏生有四子，三子李元霸早死；长子李建成长期留居长安，协助高祖处理军国大事；次子秦王李世民领兵出征，统一全国。随着李世民在征战中屡建功勋，威望日增，李世民与李建成兄弟二人争夺皇位的斗争日趋明朗化。在这场斗争中，四子齐王李元吉一直站在李建成一边。

一种意见认为，玄武门之变虽然是李世民策动的，但它却是由李建成酿成的，最后自食其果；而李世民是在不得已的情况下，才决定采取先发制人的对策。李建成害怕声望日盛的李世民威胁到自己的太子地位，多次欲置其于死地。武德七年夏季当李渊去宜君县仁智宫避暑时，李建成乘机私下令庆州都督杨文干"募健儿送京师，欲以为变"，企图用武力除掉李世民；同年七月，李渊"校猎城南命三子同往，李建成故意拿"喜服的胡马"，让李世民骑，为此，李世民曾言："彼欲以此见杀，死生有命庸何伤乎！"谋杀不成，李建成便无中生有地通过妃嫔向高祖报告说"秦王自言，我有天命，方为天下主，岂有浪死"，想以谋反罪置李世

民于死地；据《资治通鉴》记载，在玄武门之变发生的前几天，李建成趁北征突厥的机会，图谋将秦王府的精兵和能将移至自己手中，然后杀掉李世民，只是这一密谋被泄露，并未得逞。

另一种意见认为，玄武门之变是一场为了争夺皇位而导致的同室操戈相互残杀的悲剧，其始作俑者，乃秦王李世民。武德四年，李世民与当时秦王府记室房玄龄拜访了一位王远知道士，他对李世民说："方作太平天子，愿自惜也。"李听后很得意，取代李建成当太子的念头越来越浓。大臣封德彝亦认为："秦王恃大勋，不服居太子之下。"著名学者陈寅恪先生认为"唐自开国时建成即号为皇太子，太宗以功业声望卓著之故，实有夺嫡之图谋"，卒酿成武德九年六月四日"玄武门之变"。

第二个问题：李渊的倾向性。在李建成李世民兄弟长期明争暗斗过程中，李渊倾向于哪一方呢？有人觉得，李渊处处偏袒李世民，放手让其与长兄李建成争个高低，以取而代之。据不少史籍记载，太原起兵以后，李渊就曾对李世民许诺过："若事成，则天下皆汝所致，当以汝为太子。"当有些大臣眼看着李世民的权力日重，威胁到太子的地位时，建议趁早将他发派到驻地去。李渊不仅没有采纳，反而给了李世民更大的权力，封其为"天策上将"，位在王公之上，还增邑二万户，准许他"开馆于宫西，延四方文学之士"，促成其积聚起更强的势力。当事变发生时，李渊正"泛舟海地"，有人将这个消息告诉给他，并说："建成、元吉本不预议谋，又无功于天下，疾秦王功高望重，共为奸谋。今秦王功盖宇宙，率土归心，陛下若处以元良(太子)，委之国事，无复事矣！"李渊当即回答："善，此吾之夙心也。"可见他倾向性是何等明显。

也有人觉得，确有许多史籍作了李渊倾向于李世民的记载，但大多出于贞观史臣们的虚构。李世民是成功者，由他当政时期编写的史籍，当然会进行种种有利于他的修饰，其实李渊一直是站在长子李建成一边的。作为一位封建时代的帝王，"立嫡立长"的观念在他身上并没有动摇过。如在早年安排职务时，李渊就让李建成统率左三军，而让李世民统率右三军；李渊进封唐王后，李建成为唐世子，李世民则为秦公，及至李唐王朝创立，李渊还是毫不犹豫地立李建成为太子；后来，当李渊发现李世民有专制行为和夺嫡图谋时，对其流露过强烈的不满："此儿典兵既久，在外专制，为读书汉所教，非复我昔日子也。"

还有人觉得，鉴于隋王朝废立太子而引起骨肉相残的教训，李渊面对儿子们争权夺利的斗争，往往采取不偏不倚的做法。例如，武德七年杨文干兵叛一事连及李建成，李渊一边许诺李世民为太子，一边要封李建成为蜀王，不得诛杀骨肉。最后，还把兄弟不能相容的罪责归咎于东宫与天策府官属；当夺嫡斗争愈演愈烈时，李渊就打算将李世民封往富庶的洛阳，但遭到李建成、李元吉的反对又只好作罢。

第三个问题：李渊让位之谜。玄武门之变的刀光剑影刚刚散去，李渊就戏剧性地将帝位让给了李世民，此举在封建时代是罕见的。对于李渊让位的原因，有人认为，当时他已年届六十，原来那种进兵长安的锐气早已衰退。当上皇帝后，生活日渐腐化，其本人不愿再勤于政事，更不想亲自出征打仗，经受风霜之苦，于是产生了坐享清福的想法，主动把皇帝之位让给了儿子。

也有人认为，经历了玄武门之变后，唐王朝的军政大权实际上大部

分落到李世民手中。据《廿二史札记》记述，当李渊坐视其孙子："以反律伏诛而不能一救，高祖亦危极矣。"心有余悸的李渊，为了避免落得隋文帝一样的下场，于是采取了主动行动。还有的人认为，李世民暗中或许还对其父进行过威逼，令其交出权力。不管怎么说，既然李世民掌握皇权已成定局，李渊让位实属不得已的做法。

太子与皇权的明争暗斗

——唐太宗罢黜太子之谜

太子称为储君，是皇位的合法继承者，是国家未来的领导者，因此立太子是各朝最重要的大事。唐太宗与历代帝王一样，十分重视太子的选择和培养。然而当李世民挑选了长子承乾为太子后，麻烦却接踵而至，不久又陷入了废立太子的烦恼之中。那么李世民为什么立了太子又想要废了太子呢？

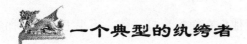 一个典型的纨绔者

据史书记载，太子李承乾曾让人铸造了一个近两米高的铜炉和一口巨大无比的锅，雇佣逃亡的政府奴隶偷盗老百姓的牲畜，然后，李承乾

亲自把那些偷来的牲畜放在大锅里煮，跟他的手下分着吃。李承乾喜欢说突厥语、穿突厥衣服，他还特别挑选面貌像突厥人的侍从，让每五人组成一个部落，把头发梳成小辫，身穿羊皮，到草地上牧羊，有时还玩"假死"的游戏。他对自己的手下说："假设我是可汗，现在死了，你们仿效突厥的风俗，来办丧事。"然后像死人一样躺到地上，大家一起放声大哭，骑到马上，环绕着"尸体"奔走，并依照突厥风俗，用刀割破自己的脸。李承乾对这种游戏乐此不疲，还说："有朝一日我统治帝国，一定要率数万骑兵，到金城（甘肃省兰州市）以西打猎，然后把头发解开（汉人束发），去当突厥人，投靠阿史那思摩，如果他给我一个将军当，我一定不会比别人干得差。"

李承乾所说的阿史那思摩，是突厥阿史那部的酋长。李承乾身为大唐王朝储君，竟然公开表示要在得天下之后去做突厥酋长的部下，这番话完全不符合储君的特殊身份，这更是引起李世民的震怒。

李承乾跟叔父李元昌关系很好，常常一起出去游玩。有时李承乾把左右侍从官员及卫士分作两队，二人各率一队，大家身披毛毡缝制的铠甲，手拿竹枪竹刀，扎营列阵，冲锋厮杀，枪刺刀砍，把流血受伤当作娱乐。有不听从命令的，就把他绑在树上毒打一阵，不少卫士因此而丧命。李承乾常常叫器："要是我当了皇帝，就在御花园设一个万人营，跟汉王（李元昌）分别指挥，观赏士兵肉搏战斗，岂不快乐！"又说："我当皇帝，一定要尽情享受所有乐趣，有人规劝，立即诛杀，杀了数百人之后，那些进谏的人就不敢再说话了。"

李承乾的言行，不仅荒谬，而且与李世民的想法与期望背道而驰。

李氏家族虽然以武力得天下，但逆取而以顺守之，以马上得天下，不能以马上治之。此中道理，李世民自然十分清楚。所以，执政以来，他偃武修文、制礼作乐、尊贤重士、修养百姓。而李承乾对李世民的施政方针似乎并不了解，他对此也不感兴趣，他的喜好依然是胡人风俗与战阵斯杀。

李承乾还养成了制造假象愚弄朝臣的坏习惯。他常常在太子宫官属面前谈论忠孝道理，谈到深刻之处，甚至泪流满面；可是一回到宫里，就跟一群卑劣的小人物混在一起，淫乱猥亵，无所不为。如果有大臣前去规劝，李承乾知道他的来意，总是表示非常感激，亲自迎接叩头，非常诚恳地承认自己的错误，劝谏者自然无话可说。寝宫之内的秘密，外人都不知道，所以当时的大臣相当看好李承乾，一致认为他是一位贤能的储君。李承乾的"饰非"习惯，最终坑害了他的政治前途。李承乾伪造的假象，没有逃出李世民的眼睛。李世民发现李承乾的劣习后，最初并没有打算放弃他，认为李承乾年轻，可塑性较大，只要有名师指点，应该能把他培养成一个好的皇太子。

贞观七年，李世民为李承乾物色了一位名师——以向皇帝直言而闻名朝野的中书侍郎杜正伦，与协助太子的另一位老师于志宁共同教导辅佐太子。在杜正伦上任时，李世民千叮万嘱："太子生长深宫，百姓艰难，耳目所未涉，能无骄逸乎！卿等不可不极谏！"李世民设身处地为李承乾着想的用心可谓良苦。

当时，李承乾患了脚疾，不能上朝觐见李世民，失去了李世民对他教诫、监督的机会，卑劣小人更是乘虚而入，引诱这个"好声色"

的太子走上"侈纵日甚"的浪荡歪道。于志宁、杜正伦的直谏都不能使他回心转意。

李世民陆续聘任朝廷中的重要大臣作为太子李承乾的老师，不仅仅在于向李承乾传授学识才略，更重要的是希望借助于股肱大臣们的名望地位，形成一个以李承乾为核心的班底，为皇位继承打下基础。

可惜，李承乾并没有很好地利用这些机会增长自己的才干，树立自己在朝廷中的威信。他曾经试图与这些元老重臣建立亲密的关系，例如李纲为太子少师时，患脚疾，不能穿鞋走路，李承乾命卫士将他抬到殿内，"亲拜之，访以得失，大见崇重"。但是，随着李承乾纨绔习气的发展，他与老师们之间的关系日趋紧张。老师们的直言规谏让他觉得不舒服，老师们的告状更是让他恼恨不已，发展到后来，李承乾甚至派刺客去暗杀自己的老师。李承乾的老师于志宁如果不是居丧守节，使刺客动了恻隐之心，恐怕早已命归黄泉。

李承乾平日宴游无度，甚至嬖爱一个名叫称心的太常寺乐童。称心年十余岁，姿容美丽，能歌善舞，李承乾和他同起同睡，这件事弄得满城风雨。李世民得到消息，怒不可遏，诛杀了称心，并狠狠地责骂了李承乾。但李承乾并不悔改，他在太子宫辟出一个房间，供着称心的塑像，早晚焚香祭奠，还称病几个月不上朝，公然与父亲对抗。

查阅史籍，贞观初年，李世民常常亲临东宫，了解李承乾学业进展；贞观七年，父子有时还相见。但此后，就没有李世民亲临东宫或与之交谈的记载了。父子之间隔阂日深，使李承乾在后来的储位争夺中势单力薄，处境不利。

贞观十年唐太宗开始萌生废立之心。是年正月，他重新调整分封了子弟17人为王；二月，除五人因年幼暂且不赴任外，其余12人均下诏迁任诸州都督，但只有相州都督魏王李泰"不之官"，由张亮代行都督相州职权。太宗把李泰留在身边，就含有废立太子的用意。

李承乾清楚地看到父皇对自己的日渐疏远和对魏王李泰的偏爱，也明白自己已经失宠，太子的地位岌岌可危。当时的李承乾不仅恶名远播、疾病缠身，而且上无父皇的信任，下无朝臣的支援，势穷运蹇。无计可施之际，他不得不采取极端措施。

李承乾曾经派人伪称李泰府中官属，向李世民呈递"亲启密奏"，指控李泰种种罪恶，不料，李世民发现其中有诈，下令捉拿告密之人，要求将事情追查到底。告密计划落空以后，李承乾又派亲信纥干承基等人暗杀李泰，结果又没有得手。于是，李承乾暗中联络政治上失意的叔父李元昌和大臣侯君集等人，歃血盟誓，阴谋发动政变，迫使李世民退位。驸马杜荷对李承乾提供的方案是："天象发生变化，应立即用行动响应，你只要声称忽然得急病，生命垂危，皇上一定亲自前来探视，我们的谋略就可以成功。"

贞观十七年二月，就在李承乾紧锣密鼓地策划政变时，李世民第五子齐王李佑反于齐州（今山东历城）。李承乾闻讯后得意洋洋地对纥干承基说："太子宫的西墙，距皇宫只不过二十步，跟我共同创造大业，齐王怎能相比？"

齐王李佑的叛乱被迅速平定，在审问谋逆案件时，牵连到李承乾的亲信纥干承基。四月初一，纥干承基在传讯中供出了李承乾密谋发动政

变的方案。李世民大为震怒，立即指定司徒长孙无忌、司空房玄龄、特进萧瑀、兵部尚书李世绩，会同大理、中书、门下组成专门法庭进行调查审判。专门法庭经过调查，认定谋反证据确凿。四月初六，李世民下诏罢黜太子李承乾，贬作平民，囚禁于右领军，又于贞观十七年九月初七将李承乾流放到黔州。李承乾到了黔州没多久，便猝然死去。

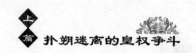

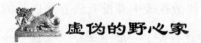虚伪的野心家

李泰的得宠与李承乾的失宠大体上是同时发生、交互消长的。

李世民特许李泰在魏王府内开设文学馆，招引学士，这表面上是表彰李泰礼贤好学，实际上则是仿照唐高祖为秦王时置文学馆的旧例。一时之间，魏王府人才众多，门庭若市，这不仅使李泰更容易拉拢朝臣，而且使群臣可以猜测到李世民的用意，更何况李世民曾经公开表示："人生寿夭难期，万一太子不幸，安知诸王他日不为公辈之主！"李世民为李泰夺嗣，千方百计抬高其地位，预先造成宠冠诸王的既成事实，好为其将来继位做准备。

早在贞观十二年正月，李世民声称"设无太子，则母弟次立"，暗示魏王李泰可以取代李承乾。魏徵当即表示不敢苟同，认为"立嫡立长"是皇位继承的根本原则。在大臣们看来，李承乾虽然不肖，却也没有坏到被废的地步。后来，李世民对待李泰和李承乾厚此薄彼的做法越来越明显，大臣们对李世民的恩宠逾制公开表示不满，褚遂良曾上疏说："陛下虽然特别喜欢魏王，但规格不应当超过太子。如果名分颠倒，当亲者疏，当尊者卑，容易让奸佞小人钻空子，祸乱国家。"

但李世民根本不理这些话，甚至让李泰移居武德殿。武德殿曾经是李元吉的住所，李世民的意图，除了与李泰交流起来更方便之外，更重要的是借此提高李泰的地位。

当时，魏徵就此事上疏唐太宗。魏徵在疏中并没有讲立嫡以长的原则，也没有谈历代立嗣的成败，而是单刀直入，诉诸于父子亲情，暗示兄弟阋墙将导致玄武门那样的流血冲突。李世民杀弟弑兄，夺取帝位，置"立嫡以长"的原则于不顾，在选择嗣君时主张立贤，却无论如何不愿意看到自己的子孙重演这一悲剧。经过一番考虑之后，李世民不仅收回了令李泰移居武德殿的圣旨，而且指派魏徵为太子太师，辅佐李承乾，并向群臣宣布："方今群臣，忠直无逾徵征。我遣傅太子，用绝天下之疑。"

贞观十七年五月，李世民针对李泰党人散布的"太子李承乾脚有毛病，而魏王李泰聪明，领悟力又高，时常随太宗出游……已有附会者"的流言蜚语，特对群臣申明："太子虽然脚有毛病，但并不是不能走路。而且《礼记》记载分明：嫡子死亡，则嫡孙继位。太子的儿子已经五岁，我绝对不会使庶子接替嫡子，打开夺嫡祸源！"至此，李世民已对众明确宣布绝不以庶代嫡，杜绝了李泰党人的非分之想。

但对李承乾和李泰来说，李世民改变态度并没有产生预期的作用。李泰并没有因李世民改变态度而放弃夺嫡的念头，而李承乾也没有感到真正的轻松。最终，李承乾因密谋发动政变而被废黜。

贞观十七年四月，太子李承乾被废，魏王李泰、晋王李治二人作为长孙皇后所生的嫡次子，都有继承储君的资格。但是李泰的条件比较优

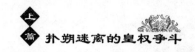

越，他年长李治九岁，有一定的政治背景，尤其是曾得到李世民的宠爱和支持。朝中大臣岑文本、刘洎看太宗脸色行事，上疏李世民请立李泰为太子。

而李治生性柔弱，喜欢安静，给人们的印象是"宽仁孝友"，虽然身为嫡子，却并没有得到李世民过多的关注。

不过，李世民对李治的赞赏，更多的是基于一种宽慰。李世民本人刚毅多谋、胆识俱佳，而且雄心勃勃，不甘屈于人下。李渊起兵太原时，李世民参与谋议，联络豪杰，统军出征，剿灭群雄，冲锋陷阵，指挥若定，为大唐王朝的建立与巩固立下了汗马功劳，充分显示了他的出众才华。尤其是在玄武门政变前后，李世民谋夺储君之位，同室操戈，弑兄杀弟，逼父让位，策划周密，毫不手软。所以，对于"仁懦"、"柔弱"的皇子李治，李世民深感与自己不甚"相类"，认为他根本不可能继承大统并在政治上有所作为。

李治虽有诸多不利条件，却有一个绝好的武器，他拥有舅舅长孙无忌的大力支持。"长孙无忌固欲立晋王，帝以太原石文有'治万吉'，复欲从无忌。"这可能是高宗朝修《实录》《国史》的史官，为了制造高宗运应天命而编撰出来的。实际上促使李世民重新考虑立嫡的绝不是"石文"预言，而是长孙无忌的"固欲立晋王"的态度。

李治、李泰都是长孙无忌的外甥，为什么长孙无忌会如此厚此薄彼呢？这与长孙无忌不愿失势有关。长孙无忌在玄武门政变中立下大功，是唐玄宗贞观年间的重臣。贞观晚年，李世民对功臣子弟参与争立（宰相杜如晦之子杜荷参与李承乾的谋反，宰相房玄龄之子参与李泰谋嫡）

表现出强烈不满，对许多大臣都产生了猜忌之心，而长孙无忌及其子弟都没有介入李承乾与李泰的党争之列，又兼皇亲国戚的特殊身份，使得李世民对他特别信任，导致他权势日盛，大到可以左右朝政之势。

长孙无忌已经大权在握，当然不愿意失势，更乐意拥立一个懦弱听话的外甥当皇嗣，以便将来操纵政权。选李泰显然不合适，因为李泰于贞观十一年置文学馆收纳了诸多人才，以后又有文武群官投靠门下，已经拥有了自己独立的党羽势力，一旦当了皇帝，肯定会重用自己的亲信，不会重用长孙无忌一类的老臣。而且李泰业已成年，有一定的政治能力，长孙无忌想控制他不是一件容易的事。而李治就不同了，他为人懦弱，又没有自己的政治势力，所以成了长孙无忌期望的最佳人选。因此，长孙无忌极力美化李治，将李治的懦弱赞扬为"仁孝"。一旦"仁孝"的李治嗣位，他的擅权也就没有问题了。

另外，李泰与李治争立太子的矛盾，背后涉及功臣子弟与元老重臣的权力分配问题。李泰的党羽多是一些功臣子弟，比如柴绍之子柴令武、房玄龄之子房遗爱、杜如晦之弟杜楚客等。这个集团与长孙无忌是有矛盾的，这些功臣子弟年龄较轻、阅历较浅、职位较低，要想自己掌权，必须把长孙无忌等元老重臣赶下台去。长孙无忌想巩固自己的权势，当然也要排斥这些功臣子弟。

李泰本人也没有想过拉拢朝廷元勋，他仗着父皇的宠爱，自以为皇太子非他莫属，从不收敛自己的行为，连朝中的三品大员都不放在眼里，还因为三品以上的公卿对其不下马行礼而怀恨在心，居然到李世民面前告状。李泰目空一切、傲视群臣的态度，让朝中重臣极为不满，结果导

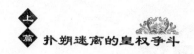

致朝中有权有势者多被长孙无忌拉过去站到了李泰的对面。

"自古嫡庶无良佐，何尝不倾败家国"，这个道理李世民十分清楚，如果他选择的继承人得不到贤相良臣们的拥戴，保存基业是很困难的。李泰的党羽多为不肖的功臣子弟，非属"良佐"之列；李治则得到了以长孙无忌、褚遂良为代表的有势力的核心集团的拥戴，可以保证"贞观之治"的政策得以继续贯彻实施。李世民于是在立太子的问题上陷入了两难，从感情上来说，他一贯倾向李泰；从理智上来说，他不能不择选李治。

为了争取李泰能获得元老重臣的支持，李世民曾故意放出话来试探大臣的反应，叙述了魏王李泰"自投我怀"的亲密之情，还转达了李泰乞求立为太子时的奇怪许愿："我只有一个儿子，如果我死了，一定把他杀掉，传位给弟弟晋王（李治）！"此言一出，马上遭到褚遂良的反对："陛下失言。哪有身为皇帝却肯杀他的爱子，而传位弟弟的？陛下从前既封李承乾当太子，而又宠爱魏王李泰，嫡庶不明，终于造成今天的灾祸。"驳倒李泰虚伪肉麻的许愿是不难的，难以对付的是如何打消李世民感情上的袒护。于是褚遂良干脆直言自己的忧虑："若为立泰，非别置晋王不可。"这无疑是警告李世民，如果坚持立魏王，就必须先杀了晋王李治，否则，日后必有一场夺位大乱。褚遂良的这番话触到李世民的痛处，李世民不想让兄弟相残的事再度发生，如果立魏王李泰为太子，那如何才能保证晋王李治的安全呢？

其实，李世民对李泰和李治都持怀疑态度。他欣赏李泰的政治才干，却担心他容不得诸位兄弟；他欣赏李治的忠厚善良，却不满意他的

柔弱寡断。就在李世民犹豫不决的关键时刻，李泰犯了一个致命的错误。他见舅舅长孙无忌极力拥立李治，生恐父皇改变主意，便在暗中威胁李治："你跟李元昌感情最好，李元昌已经处死，你难道不担心？"还说："不要与我争，否则，后果不堪设想！"李治胆小怯弱，被李泰这么一吓唬，唯恐李元昌参与谋反之事牵连自己，便害怕得整日提心吊胆，忧形于色。李世民召见李治时，见他忧心忡忡、魂不守舍，再三追问之下，李治将李泰的话如实相告。李世民听完恍然大悟，开始后悔说出封李泰当太子的话。

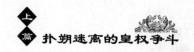

凭"仁孝"得以立

应该说，作为一个唐朝的皇帝，李治是幸运的，因为，他继承了父亲太宗的辉煌基业，但对于他个人的帝王生涯来说，"子承父业"同时又是不幸的。当人们观察他的时候，首先看到的往往是唐太宗以及贞观之治的耀眼光环；既而在他身后的又是历史上唯一的女皇武则天，在他们两人并驾齐驱的时候，又总是被武则天抢占了头筹。

李治做了 35 年的皇帝，是唐朝除了唐玄宗以外，在位时间最长的一位皇帝。李治在位期间一共 14 次改元。

李世民有 14 个儿子，其中李承乾自幼聪明伶俐，李世民对他很是喜欢。武德九年十月，李世民刚刚即位，便将李承乾立为太子。一开始，李承乾积极上进，能识大体，颇得太宗和朝廷大臣的好评。但他生于深宫之中，自幼养尊处优，喜好声色，慢慢地，沾染了不少坏习惯，生活日益荒唐颓废。李世民便动了废太子之心，开始属意第四子，也即是长孙皇后所生的次子、承乾的胞弟魏王李泰。

魏王李泰恃宠骄横，久有夺嫡之心。他想取代太子李承乾，而且常常飞扬跋扈，引起了朝廷大臣的不满。而太子李承乾感觉到自己的地位

已岌岌可危，便暗中联络叔父李元昌和大臣侯君集等人，阴谋发动政变。只是很快事情遭到泄露，李承乾便被李世民废为庶人。

当时，李世民有意立魏王李泰为太子，这期间，李世民还与李承乾有过一次面谈。李承乾说："臣贵为太子，更何所求？魏王久有夺嫡之心，只恐被他加害，才与朝臣谋自安之道。一帮凶险不逞之人，遂教臣为不轨之事。今若以泰为太子，这是中了他的圈套了。"

贞观十七年四月初的一天，李世民在朝会结束后单独留下了长孙无忌及司空房玄龄、兵部尚书李世绩和褚遂良等，旁边侍立的是惴惴不安的晋王李治。他说："我内心失望至极，百无聊赖。"说罢，竟然自往御座之上，抽出佩刀欲自杀。长孙无忌等人无不大惊失色，争着上前，一面扶抱起李世民，一面夺下了他手中的佩刀，回手将佩刀递给站在一边的晋王李治。长孙无忌似乎明白李世民此举究竟为何，也不再绕弯子，请他将心事赐示。李世民回答道："我欲立晋王。"须知，长孙无忌是李治的亲娘舅，他闻听此言，正中下怀，马上就说："谨奉诏。有异议者，臣请斩之。"李世民对晋王说："你的舅舅拥立你了，还不快快拜谢。"晋王于是急忙下拜。李世民又对长孙无忌等人说："公等既符我意，不知道外面会有什么议论？"长孙无忌曰："晋王仁孝，天下归心久矣。乞望陛下试召问百官，必无异辞。若有不同者，乃是臣负陛下，罪当万死。"李世民见状，也就不再犹豫，于是聚百官于太极殿，询问诸子之中谁最适合被立为嗣君，众人异口同声："晋王仁孝，当为嗣！"李世民见晋王李治众望所归，也一时龙颜大悦。

贞观十七年四月七日，李世民亲驾承天门，下诏立晋王李治为太子。

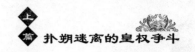

李世民在太子承乾被废以后没有选立魏王李泰，是不希望使后世子孙看到储君之位可以依靠所谓经营而得。而李治能够成为新的皇位继承人，又是因为他的"仁孝"与不争。关于李治的"宽仁孝友"，史书中有这样的记载：李治小时候刚一开始学习《孝经》，李世民就提问他有关书中的要义，李治这样回答："夫孝，始于事亲，中于事君，终于立身。君子之事上，进思尽忠，退思补过，将顺其美，匡救其恶。"李世民十分满意，夸奖他说："能够做到这一点，足以事父兄，为臣子矣。"

事实证明，李世民凭借李治的"仁孝"而做出的这一决定，得到了长孙无忌等朝廷亲信大臣的拥护和支持。选立李治以后，李世民在当月下诏降魏王李泰为东莱郡王，后来又改降为顺阳王，流放均州郧乡（今湖北均县北)，贞观二十一年，进封濮王。

李世民希望李治尽快成熟起来，成为一个合格的储君，将大量心血倾注到对他的教育上。每逢早朝，常令在侧，观决庶政，或令参议，使李治得到实际的政治锻炼。教育也时常贯穿在日常生活中，看见李治吃饭，就说："你要知道耕种的艰难，不夺农时，才能经常有饭吃。"见李治骑马，就说："你应知道不尽其力，才能常有马可骑。"见李治乘船，就说："水能载舟，也能覆舟，百姓就像水，君主就如舟。"见李治在树下小憩，就说："木要以墨绳为准才能正直，君要能够接受劝谏才会圣明。"李治每次听了这样的话，都会马上毕恭毕敬地肃立，然后感激父皇的教诲，表示一定"铭记在心""永志不忘"。李世民晚年还亲自撰写《帝范》十二篇赐给李治，从《君体》《建亲》《求贤》《审官》《纳谏》《去谗》《戒盈》《崇俭》《赏罚》《务农》《阅武》《崇文》12个方面着

手，对李治循循善诱，要他明晰修身治国安危兴废的帝王之道。

贞观二十年三月，李世民亲率征高丽的大军返回长安。由于李世民病体虚弱，需要静养，政务暂由太子代理。然而在李世民晚年，皇太子李治的主要工作是照顾他父亲的身体。李世民卧病以后，在他的寝殿旁边安置了一处院落，让太子李治居住。

贞观二十三年五月二十六日，52岁的一代英主长逝在终南山的翠微宫。六月一日，22岁的太子李治即位，即大赦天下。

理智与情感的两难选择
——李治继位之谜

英明神武的唐太宗亲手缔造了一个强大的帝国，可是他亲手精心培养的继承人却令他大失所望。昔日追随他打天下的寒士们，也不具备担负起匡扶李唐江山的力量。随着保守派大臣占据主动，年幼的李治被推向台前。

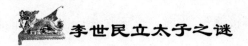 李世民立太子之谜

李世民即位不久，立8岁的长子李承乾为皇子。为了培养李承乾，李世民选择了德高望重的李纲为太子少师。李纲的教育内容大体上以儒

家君臣父子之道为主，师教严肃。"每谈论发言，皆辞色慷慨，有不可夺之志。"当时年幼的李承乾未尝"不耸然礼敬。"李世民对李承乾虚心接受师教，最初是满意的。然而，李承乾生于深宫大内之中，长于妇人膝下，成人以后缺乏其父那样弓刀跃马、千里驰骋，目睹社会动乱、民生疾苦的阅历，故而目光短浅。长大以后，喜好声色，漫游无度。每临朝视事，必言忠孝之道，退朝后，便与群小廝下。然而，当李世民发现了李承乾的种种劣迹后，也没有放弃对他的期望与培养。

贞观五年六月，太子少师李纲病逝，李世民把教育太子的重任委于左右庶子于志宁、李百药的肩上。李百药针对李承乾颇为留心典籍及爱好嬉戏的特点，写了一篇《赞道赋》，以古来储君成败之事来讽谏李承乾。李世民对此十分赏识，然而李承乾依然故我，致使于志宁、李百药后来灰心离职。

李世民觉得李承乾虽有过失，然而仍有可塑的希望，认为只要有名师的指点，总可匡正过失，于是又物色了中书侍郎杜正伦为太子右庶子。杜正伦曾为秦府文学馆学士，贞观初年曾以不畏触犯逆鳞而闻名朝野，李世民起用杜正伦的用意在于"太子生长于深宫，百姓艰难，耳目所未涉，能无骄逸乎！卿等不可不极谏"。当时，李承乾脚上患病，不能朝谒，失去了李世民对他直接教诫、监督的机会。于是群小之辈乘虚而入，引诱这个"好声色"的太子走上了"奢纵日甚"的浪荡歪道。对于杜正伦的规谏，他全不理睬。杜正伦因而采取了从正面诱导的方针，着力弥补李承乾"不闻爱贤好善"的缺陷，但是屡次开导都没有奏效，最后只能用其父的私嘱来威慑他，希望他能改过自新。但李承乾作表奏闻，李世民难堪，只得迁怒于杜正伦，贬为州官，以示惩罚。虽然经过了一波三折，但李世民仍未完全失去对李承乾的希望，又选定当代宿儒孔颖达为太子右庶子，以匡其失。孔颖达坚守谏职，并借撰《孝经义疏》之机，"因文见义，愈广规谏之道。"李世民闻讯后，深为嘉纳，赐孔颖达帛百匹、黄金十斤。可李承乾还是无动于衷，李世民只得另寻名师。贞观十二年，迁孔颖达为国子祭酒，遂命著名谏臣张玄素为太子右庶子。

面对太子不肖的现实，李世民虽然一直没有放弃李承乾，但他的心情却时而有所动摇，因为皇储的问题历来都是封建皇帝的政治难题。大约从贞观十年起，李世民开始表露过废立太子之意，这给子嗣和大臣们留下了广阔的想象和行动空间。

李泰是长孙皇后的次子，是李承乾的胞弟，贞观十年，徙封魏王。李泰幼时聪敏绝伦，善作诗文，成年后爱好经籍、舆地之学，深得李世民欢心，由此得宠。李泰的得宠与李承乾的失宠应该是此消彼长的。而李世民对李泰也是有意心许，并对之偏袒。贞观十年二月，李世民"以泰好文学，礼接士大夫，特命于其府别置文学馆，听自引召学士"。李泰手下文人心领神会皇上的默示，便由司马苏帽出面，"劝泰延宾客著书，如古贤王。"于是，李泰奏请撰著《括地志》，为夺嫡打响了第一炮。

贞观十四年正月，李世民移驾前往魏王李泰宅邸，赦免雍州牧长安县囚徒死刑以下罪犯，免延康里当年租赋等，这是一种特殊的恩宠。四年前，李泰生母长孙皇后身患重病，李承乾建议赦免囚徒以祈求福庆，李世民没有恩准，此时此刻，李世民却为爱子特别开恩。

李世民对魏王的恩宠是很明显的，但他仍然无法在嫡子继承制与自

己的心意之间做出割舍。然而，自贞观十年至贞观十六年以来，从李世民对魏王李泰有意偏袒并着力扶持他的实际行动上来看，李世民是有意让魏王李泰在合适的机会时成为储君的。

武德九年六月初四，李世民亲手射杀了自己的大哥李建成，在血泊中登上太子之位。两个月后，李世民即位。贞观元年，李世民依定制立长子李承乾为太子。当时，李世民诸子还小，他也不可能仔细考察每个皇子的德行。然而，随着诸子成人并有了能力后，矛盾冲突随之显现了出来。

立长还是立贤？李世民也面临着当初与父王近似的抉择。他似乎开始理解父王当年的心情：依制——只能立长！可是他又不愿意看到才华横溢的魏王受到东宫的压制，因为魏王身上有他自己年轻时的影子。那么，怎么理顺这二者之间的关系呢？或许这是一个未解之谜。糟糕的事情还在玄武门事变上，自己的这种流血政治会不会成为儿子们效仿的榜样？这样，他就更有理由宠爱并呵护魏王了，以防止因为怨恨再次发生冲突……

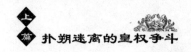

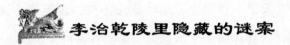

李治乾陵里隐藏的谜案

关于乾陵的选址，有这样一个有趣的传说：李治登基不久，就派自己的舅父长孙无忌和专管天文历法的太史令李淳风为自己选择陵寝之地。一日，二人巡视到梁山时，只见此山三峰高耸，主峰直插天际。东隔乌水与九嵕山相望，西有漆水与娄敬山、岐山相连。乌、漆二水在山前相合抱，形成水垣，围住地中龙气。梁山乃是世间少有的一块"龙脉圣地"，长孙无忌和李淳风选好陵址后，回京禀报李治。袁天罡听说后，极力反对。原来他曾为高祖选陵址到过梁山，深知此山风水的优劣之处。他对李治说："梁山从外表上看是一块风水宝地，但细看有许多不足之处：一是梁山虽东西两面环水，能围住龙气，但与太宗龙脉隔断，假如百姓选祖茔于此，是可以兴盛三代，但作为帝王之陵址，恐三代后江山有危。大唐龙脉从昆仑山分出一支过黄河，入关中，以岐山为首向东蔓延至九嵕山、金粟山、嵯峨山、尧山。今太宗已葬九嵕山，为龙首。陛下不可以后居前，况梁山又非龙首，而是周代龙脉之尾，尾气必衰，主陛下治国无力。二是梁山北峰居高，前有两峰似女乳状，整个山形远观似少妇平躺一般。陛下选陵于此，恐此后为女人所控。三是梁山

主峰直秀，属木格，南二峰圆利，属金格。三座山峰虽挺拔，但远看方平，为土相。金能克木，土能生金，整座山形龙气助金，地宫营主峰之下，主陛下必为金格之人所控。依臣愚见，若陵址定于此山，陛下日后必为女人所伤！"听了袁天罡一番宏论，李治犹豫不决，遂退朝不议。早有武则天亲信告知武氏，武氏听了十分高兴，她暗自思忖：小时候听父亲说，袁天罡说我将来能做女皇帝，看来要应验了。于是，向李治极力推荐梁山。

第二天早朝时，李治传出圣旨，定梁山为陵址。袁天罡一听，仰天叹曰："代唐者，必武昭仪。"他怕将来受牵连，就辞官不做，出外云游去了。

陵址选好后，如何定名，群臣争论不休。有大臣建议：太宗山陵名曰昭陵，有昭示帝气之意，陛下陵就定名为承陵，以承接太宗恩泽。长孙无忌奏曰："梁山位于长安西北，在八卦中属乾位，乾为阳，为天，为帝。长安是陛下今世帝都，梁山自然为陛下万年寿域的天堂帝都，人间、天堂，天地合一，乾坤相合，注定陛下永世为帝王。依臣之见，就定名为乾陵吧！"李治闻听十分高兴，遂定名为乾陵。

据文献记载，弘道元年李治死后，武则天遵照李治"得还长安，死亦无憾"的遗愿，在关中渭北高原选择了吉地，命吏部尚书韦待价为山陵使，户部郎中韦泰真为将作大匠，动用兵士和民工20余万人，按照"因山为陵"的葬制，将梁山主峰作为陵冢，在山腰凿洞修建地下玄宫。《新唐书·陈子昂传》载："山陵穿复必资徒役，率瘰弊之众，兴数万之军，调发近畿，督扶稚老，铲山背石，驱以就功。"经过三百多个昼夜的

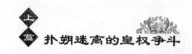
施工，到文明元年（684 年）八月安葬时，主体工程竣工，埋葬李治后乾陵营建工程继续进行。

22 年后，武则天于神龙元年病故。在安葬武则天的问题上，朝廷发生了一番争论，李显欲满足母后"归陵"的遗愿，大臣严善思极力反对，他说："尊者先葬，卑者不宜动尊者而后葬入。则天太后卑于天皇大帝，今若开陵合葬，即是以卑动尊，恐惊龙脉。臣闻乾陵玄阙，其门以石闭塞，其石缝隙，铸铁以固其中，今若开陵，必须镌凿。动众加功，为害益深。望於乾陵之旁，更择吉地，别起一陵，既得从葬之仪，又成固本之业。若神道有知，幽途自当通会，若以无知，合之何益。"皇帝为了表示孝心，没有接受这个建议，命人挖开乾陵埏道，启开墓门，于神龙二年五月将武则天合葬入乾陵玄宫。从此，乾陵成为中国古代帝王陵墓中唯一的一座一陵葬两帝的陵园。合葬武则天后，中宗、睿宗朝又将二太子、三王、四公主、八大臣等 17 人陪葬乾陵。因此，乾陵陵园的所有营建工程经历了武则天、中宗至睿宗朝初期才始告全部竣工，历时长达 57 年之久。

文物专家郭沫若先生曾对周恩来总理说过："毫无疑问，肯定有不少字画书籍保存在墓室里！打开乾陵，说不定武则天的《垂拱集》百卷和《金轮集》十卷可重见天日！也说不定武后的画像、上官婉儿等人的手迹都能见到！石破天惊，一定是一件石破天惊的大事情！"

郭沫若只字未提墓室中那车载斗量的金银珠宝。其实，可以想象，乾陵一开，其间珍宝定会光耀全世界！漫漫历史，几多沉浮？对乾陵感兴趣的岂止郭沫若一人？多少代志士仁人，谁不想在有生之年一饱眼福？

在我国历史上，挖乾陵一事，早已有之。长达 1200 多年中，梁山上就没有断绝过盗墓者的身影。历史上有名有姓的盗乾陵者，就有 17 次之多，比较大的盗掘活动有三次，但又都因各种原因中途停止而未盗成功。唐末农民起义，黄巢声势浩大。他动用 40 万起义军在梁山西侧挖山不止。直挖出了一条深 40 米的"黄巢"沟，挖走了半座大山。因为军中无饱学之士，不懂乾陵坐北朝南的结构特点，结果因为挖错了方向，终没得手。

史载五代耀州刺史温韬，是个有官衔的大盗墓贼。他率领兵丁掘开了十几座唐陵，发了一笔横财。因为手中有了钱，便驱动数万人于光天化日之下挖掘乾陵。不料挖掘过程十分不顺，遇到的天气总是狂风暴雨，温韬受了惊吓，才断了挖掘乾陵的念头。

民国初年，国民党将领孙连仲亲率一团人马，在梁山上埋锅造饭安下营寨，用军事演习做幌子，炸开了墓道旁的三层岩石，最后却也没能捞得半点好处。

目前，许多专家认定乾陵是唐十八陵中唯一未被盗掘的陵墓，理由是乾陵墓道完整，而舍弃墓道，从石山腹部另凿新洞入地宫，难度很大，目前尚未发现新的盗洞。至于事实到底是什么样的，只有等到打开地宫的那天才能得知了。

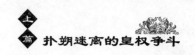

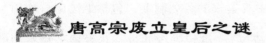

唐高宗废立皇后之谜

高宗永徽六年，李治废皇后王氏为庶人，立昭仪武氏为皇后。不久，朝廷的元老重臣长孙无忌、褚遂良等，均因为反对废后遭到贬逐或诛戮。对于这一史实，很多人都将矛头指向武则天，认为是她一手策划和导演的，这也恰与武则天一贯毒辣强硬的做法相符合，但在这件史实的背后是否隐藏着一些容易让人忽略的细节呢？

废王皇后立武则天，许多史书上都将这件事归结为李治的"昏懦"。这种说法最早源于《新唐书》，认为李治"昏懦"而受制于武则天。后人大多继续这种说法，认为李治是个亡国的昏君，才会任武氏摆布。但是，只要我们全面仔细分析一些史料，就会发现这种说法并不客观。

有学者指出，李治在继承帝位之后，继续遵循太宗的各项政策，"表现得颇为能干"。他在继位之初就鼓励臣下进谏，基本上能做到礼贤下士，虚心纳谏。《资治通鉴》称永徽年间的政事"有贞观之遗风"，是对李治能力最有力的肯定。他的政事才能还表现在赏罚分明上，李治的叔叔滕王李元婴和他的哥哥蒋王李恽肆意搜刮民财，李治在赏赐诸王布帛时，唯独不赏赐滕王和蒋王，说他们"自能经纪，不须赐物。给麻

布两车以为钱贯"。使二王颇感惭愧。李治处事十分果断，永徽三年，他及时平息了吴王恪及高阳公主、房遗爱、薛万彻等人的叛变。

李治在位约34年，其间的前14年在政治、经济方面有着不可忽略的政绩。他继续推行加强中央集权的各项制度，包括继续施行均田制，令长孙无忌等修成《唐律疏议》，继续推行并进一步发展了科举制度，保持了国力强盛，加强与友邦的睦邻友好关系，维护国家统一。永徽年间，他遣将打败了东突厥，并分置单于、瀚海两都护府，显庆二年（657年）灭西突厥。与此同时，在与北方、西南方、南方、东北的各少数民族的战役中也屡屡获胜，南方的邻国林邑（今越南中部）也与唐朝建立了友好关系。这一时期社会经济在向上发展，国家人口每年都有较大幅度的增长。

从以上这些方面来看，说李治"昏懦"实在有失偏颇，认为废立皇后之事不是他的想法似乎难以令人相信。试想，以唐太宗李世民之英明，经过慎重考虑而立的太子，又怎会是一个"昏懦"无用之人？李治虽没有其父创业时的恢弘气度和足智多谋，但至少他够得上是个守成之君。至于武则天，她当时只不过是一个昭仪，还不可能具备指挥李治的力量。《旧唐书》说自显庆以后，武则天"自此内辅国政四十年，威势与帝无异"；《资通鉴》上说自麟德元年以后，"天下大权，悉归中宫，黜陟杀生，决于其口，天子拱手而已"。这些史实都说明武则天逐步从李治手中夺取权力是在当上皇后之后的事。而且李治委政武后，也是出于本人意愿。无论如何，李治不大可能仅凭武则天的一面之词就轻易地废掉皇后。

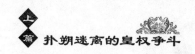

既然李治脑子很清楚，而且这也主要不是武则天搞的鬼，那么，他为什么要废掉王皇后？专家们认为这其实与李治即位之后的政治形势密切相关，废立皇后仅是当时政治交锋的一个焦点。

李治的父亲李世民在去世之前，对儿子的能力不太放心，所以让他最信赖的两位宰相长孙无忌和褚遂良为顾命大臣，吩咐他们要尽心辅助扶持李治。长孙无忌是李治的舅舅，是当年太宗玄武门之变的重要策划者，为贞观年间的头号重臣。褚遂良以文才著称，当年极力主张立李治为太子，是一个公认的正人君子。

初登皇位的李治，年龄刚二十出头，正是血气方刚之时，虽然他的父亲与两位顾命大臣有着很深的交情，但是他自己与他们却并没有多少感情可言。相反，在这两位大臣的"辅助"下，李治做事常常会有束手束脚之感。

摆脱控制的第一步，是增补张行成、高季辅、李勣为宰相。李治此举的目的无非是想分长孙无忌和诸遂良的宰相大权，从而培养绝对忠于自己的势力。之后，李治对两位顾命大臣发动了进攻，抓了小事就贬褚遂良为同州刺史。同时为培植自己的势力，封王皇后的母舅柳爽为中书侍郎，依旧同中书门三品，企图用自己的外戚与自己父亲的外戚争权。

永徽三年七月，大臣们又提出了立太子的事情。事情的起因是柳爽和王皇后商量，想立后宫刘氏所生的李治长子陈王李忠为太子。为什么柳爽和王皇后要立陈王为太子？因为王皇后生不出儿子，而刘氏出身低贱，王皇后希望陈王感激她，将来报答她。柳爽知道仅靠自己一个人，这件事是做不成的，遂与褚遂良、长孙无忌、韩瑗、于志宁等人商量后

一起上书。立太子一事令李治十分失望，自己提拔柳奭、于志宁等人，原本是想用他们来分长孙无忌和褚遂良的权，现在他们却站在同一战线上，而且内有王皇后呼应。

年少气盛的李治自然是不会轻易罢休的，决定把希望转而寄托在培育外朝的新势力上，遂先后任命礼部尚书许敬宗和中书舍人、弘文馆学士李义府等为宰相。这时他已下定决心，外要除掉随时牵制他的一帮老臣，内要废掉已成为自己对立面的王皇后。因为随着柳奭向长孙无忌等人的靠拢，王皇后已逐渐成为李治与元老重臣相争的焦点。

永徽六年，李治主意已定，召集众大臣商量废后。元老重臣中褚遂良坚决反对，李治马上贬他为潭州都督。长孙无忌也多次上书谈到不能立武后，李治先是极力拉拢他，秘密派人赐给他金银宝器，但长孙无忌仍不领情。武后的母亲杨氏亲自登门让长孙无忌不要反对，许敬宗也在李治的授意下反复劝导，但长孙无忌还是我行我素。数年后，李治余怒未消，先是贬他到黔州，接着又派人去审问他的案件，最后认为长孙无忌要谋反，令他自尽了事。

武则天在永徽初年召入宫中，尽管貌美无人能敌，但在短短几年中，以区区昭仪地位而使李治俯首听命肯定是不可能的。王皇后其实年龄比武则天小好几岁，人也长得很漂亮，但武则天"素多智计，兼涉文史"，深得李治宠爱，一旦废后，李治也已有满意的替补。而此时恰逢武则天把爱女之死嫁祸给王皇后，所以李治更有了废后的正当理由。于是在永徽六年十月，掀起了废立皇后的轩然大波。王皇后的被废，与其说是武则天后宫争宠的结果，还不如说是李治想自己独控政权的必然。

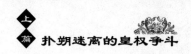

在这一点上，李勣看得十分明白。当李治要他对废立皇后表态时，他狡猾地说："此乃陛下家事，不合问外人。"既不想得罪太宗老臣，又不想在这场斗争中受伤害。李治对他的回答十分满意，让他主持了册武昭仪为后的仪式。

废立皇后的背后，其实是一场惊心动魄的政治搏斗。

唐高宗恋母心理之谜

　　唐高宗李治历来都被一些人看作是昏懦之君，被武则天以媚术迷惑，致使李唐王朝大权旁落。其实在这段历史时期，李治的作用往往被人们忽视了。事实上，李治之所以会如此迷恋武则天，是由于他的恋母心理，使他对武则天产生了一种似母亲又似情人的感情。

　　现代心理学证明，儿子有一种强烈地渴望母亲的照料、保护、无处不在的爱和赞许的欲念。这种心理被称之为恋母心理。具体到李治，就是指他对其母长孙皇后的依恋和爱恋。那么，长孙皇后在李治的心里是怎样的一个形象呢？

　　长孙皇后是唐太宗李世民的原配夫人，并为其养育了三个儿子。长子李承乾、四子李泰、九子李治。李治最小，自然最得母亲的宠爱。史称长孙皇后喜好读书，做事必按礼法。对她的公公李渊十分孝顺，又贤德宽厚，与后宫众嫔妃皆能融洽相处，待宫中诸王子、公主犹如自己亲生儿一般，因此宫中无不爱戴。在李治幼小的心灵中，母亲是温柔而又慈爱的。

　　在唐朝创业之初，长孙氏随李世民征战南北，为唐朝的创建立下了

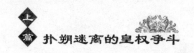

大功。在玄武门之变中，是长孙皇后挺身而出，亲慰将士，使军心大振，一举歼灭了李建成、李元吉的势力，使李世民顺利地登上了皇位。随着年龄的增长，李治逐渐感悟到，他的母亲是英明果断、不让须眉的女中豪杰。

李世民即位后，长孙氏被册封为皇后，母仪天下。她不仅将后宫管理得有条不紊，还积极辅佐李世民，对李世民有极大的影响力。每逢大臣直谏，触怒了李世民，她总会从中调节，力陈谏臣忠君爱国。一次李世民退朝后怒气冲天地说要杀"田舍翁"，长孙皇后问是怎么回事，李世民说魏徵总是在上朝的时候侮辱我。长孙皇后听后，马上换上朝服向李世民祝贺，并说："妾闻主明臣直，今魏徵直，是陛下之明故也，妾敢不贺！"一番话让李世民顿感欣慰。甚至是在长孙皇后病重之时，还不忘国事，劝太宗把被贬的房玄龄召回朝中加以重用："玄龄事陛下，小心谨慎，奇谋秘计，皆所预闻，竟无一言漏泄，非有大故，愿勿弃之。"她死后不久，李世民就把房玄龄召回，官复原职。长孙皇后就是这样时时刻刻地帮助着丈夫，即使到了垂危之际还告诫他要"亲君子，远小人，纳忠谏，屏谗慝"。长孙皇后死后，李世民看着她生前所写的《女则》一书，痛苦道："皇后此书，足可垂于后代。我岂不达天命而不能割情乎！以其每能规谏，辅朕之阙，今不复闻善言，是内失一良佐，以此令人哀耳！"可见，长孙皇后是深谋远虑，参政甚深，对李世民极有影响力的一位富有智慧的女人。李治当时虽然年幼，但也逐渐明白，母亲是一个深谋远虑，有极强的议政、参政能力之人。

可惜，如此温柔慈祥、英明果断的母亲竟然在李治8岁时永远地离

他而去了！8岁的孩子，正是享受母爱的年龄，失去母亲使他痛不欲生。"哀慕感动左右，太宗屡加慰抚"。母亲的早逝给李治的心灵带来了深重的创伤。

李治与武则天初遇时，他还只是个年轻的皇子。武则天刚刚入宫，是李世民的才人。当时李治身边并不缺少女人，但武氏的成熟稳健以及她颇似长孙皇后的气质深深地吸引了他。而到永徽年间，李治在感业寺又见武媚娘时更是感慨万分，相对落泪。此时的武氏历经坎坷，更透露出一种成熟女人的风韵，一种颇似母亲的气息，这种气质强烈地吸引着李治。

此时的李治，初登帝位，心情十分压抑。一方面，他懦弱的性格使他无法驾驭群臣；另一方面，辅政大臣以长辈自居，时时拿太宗来压他，动辄训导，使得李治除了点头答应外毫无发言权。李世民虽死，但消失的只是他的肉体，他的余威仍旧压在李治身上，甚至笼罩着整个朝廷。此时的李治多么希望能得到母亲的支持和安慰啊！就在这时，武氏再次出现。虽然武氏与长孙皇后实际上有很大的差别，但在李治眼里，她们是多么相似啊！

对李治来说，武氏是情人，更是母亲；是妻子，更是得力的助手。有了她，李治可以摆脱太宗的阴影，可以驾驭群臣，可以开创另一个"贞观之治"。

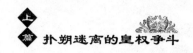

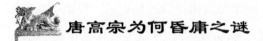唐高宗为何昏庸之谜

李治在位 34 年。655 年，在武则天成为皇后之后，由于李治病重他就让武则天参与朝政，时人称为"二圣"。历史上，常人认为他是个昏庸之主。范文澜先生说："唐高宗临朝，臣下来奏事，不会作判断，要宰相提出意见，才算自己有了主意。他这种昏懦的性格，势必扶植起统治阶级内部的腐朽势力，引导国家从乱到亡的道路。"这样的说法，把李治这个人彻底否定了。

很多人认为李治患风眩不能视物，百官奏本常由武后代为参决。自显庆五年 (660 年) 起，政事都委托给武后，武后的权力和皇帝相等。麟德元年 (664 年)，武后常让道士入宫行"厌胜"之术，被宦官王伏胜上告。李治大怒，找西台侍郎上官仪来商量。上官仪说："皇后专恣，海内所不允，请废之。"李治就命上官仪起草废皇后诏书。不料武后安插在唐高宗身边的耳目随即将此事报告武后，武后立刻到李治面前解释。李治生性懦弱，心有不忍，又怕武后发怒，竟说："我本来没有废你的心思，都是上官仪教我的。"于是，武后指使许敬宗诬告上官仪、王伏胜和废太子李忠谋反，将其处死，与上官仪有来往的大批朝官，都遭流放或贬官。

从此，每当李治上朝，武后都坐在帘后，大小政事都参与裁决，升黜官员或生死大事，都凭武后决定。此后，李治只是名义上的皇帝，直至弘道元年（683年）在洛阳宫中病死。

与其相反的观点认为，说李治昏庸是缺乏根据的。说他"昏庸"，最早见于《新唐书》。《新唐书》卷76《则天顺圣皇后武氏传》说："（武后）已得志，即盗威福，施无惮避，帝也懦昏，举能钳勒，使不得专。"同书卷105《长孙无忌传》也说："帝暗于听受。"同卷《褚遂良传》说："帝昏懦，牵于武后。"欧阳修说他昏庸的主要论据，认为唐高宗被武则天所控制，并按其旨意贬杀了褚遂良和长孙无忌。

其实，褚遂良被贬在武则天当皇后之前，长孙无忌被杀，是在武则天当上皇后不久的事情。一些专家认为，这时的武则天刚当上皇后，怎么就能够"盗威福"贬杀顾命大臣？实际上，贬杀褚遂良和长孙无忌的不是别人，恰恰就是李治自己。在立武则天为皇后的过程中，这两位老臣坚决反对，而一心想立武则天的是李治，因而他是武则天最有力的支持者，很明显，褚遂良、长孙无忌和李治在立武后问题上产生了较大的矛盾。更重要的是，两人以元老重臣自居，一心想保护自己的既得利益，只是想着曾经对李治有功，根本没有把他放到皇帝应有的崇高地位，而李治此时血气方刚，对他们的表现早已不满。当许敬宗诬陷两人时，李治不派人仔细调查，立即削去长孙无忌的太尉官职和封地，安置到边远的黔州。已死于贬地的褚遂良，也被削去官爵。两人的儿子都在放逐途中被处死。可见，褚遂良和长孙无忌被杀，是武则天的心愿，但更是李治的旨意。整个过程中根本不存在李治被武则天控制的问题，李治的昏

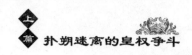

庸无从谈起。

唐高宗在位的前 14 年中，他的政绩主要有：一是继续推行了唐太宗时加强中央集权的各项制度；二是唐高宗在位前期，维持国力于不坠，而统治区域还稍有扩展；三是唐高宗在位期间社会经济仍在向上发展。唐高宗政绩之所以史书记载较少，也不突出，其原因可能是即位初期元老重臣如长孙无忌、褚遂良等权重，精明而又有才干的武则天为皇后以后，又直接参与执政。

也有人指出，唐高宗根本没有昏庸之举。在即位之前，曾参决朝政，颇得唐太宗李世民称赞。即位之初，也勤于国政，每日临朝，孜孜不倦。他不仅能够遵循唐太宗的大政方针，而且也表现出了管理国家的才干。具体表现在他十分重视法制建设。他令长孙无忌等大臣修成《永徽律》，还逐条对之进行注释，写成《唐律疏议》30 卷颁行天下。他在即位之初，鼓励臣下进谏。他赏罚分明，对贪赃违法者坚决予以打击。他维护了国家统一，讨伐西突厥，巩固了唐王朝的统治。他有过错，如容忍和支持武则天对王皇后、萧淑妃的残酷迫害，在对褚遂良和长孙无忌等人的处理上，也没有很好地站在公正的立场上，但这并不能说明他是个昏庸之君。用昏庸来解释武则天参预朝政的原因，显然是不妥的。

上元二年（675 年），李治风眩症加重，曾想禅位给武则天，"使摄知国政"，正式临朝称制。宰相郝处俊进谏说："昔魏文帝著令，虽有幼主，不许皇后临朝，所以杜祸乱之萌也。陛下奈何以高祖、太宗之天下，不传之子孙而委之天后乎！"中书侍郎李义琰也附和郝处俊的意见，李治无奈作罢。如果说李治不是昏庸之君，那么他为什么要这样做呢？但如

果我们说他真是个昏庸国君，那么史书上描述他尊礼大臣，问百姓疾苦，称为"永徽之政，有贞观遗风"，这又是怎么得来的呢？所谓的唐高宗李治"昏庸"之谜，令我们左右为难，无法圆满解释。

从侍女到女皇的辛酸泪

——武则天独掌大唐之谜

武则天是中国历史上的唯一女皇。她一生中嫁了两个皇帝，那是一对父子，唐太宗和唐高宗；她生了两个皇帝，那是一对兄弟，唐中宗和唐睿宗；她的一生颠覆了整个中国古代的政治传统和制度设计。

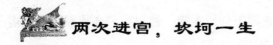 两次进宫，坎坷一生

武则天是并州文水（今山西文水县东）人。14 岁时被唐太宗李世民挑入宫中选为才人，李世民死后入寺为尼。唐高宗李治时复召为昭仪，

永徽六年立为皇后，参预朝政，后尊号为天后，与高宗并称"二圣"。弘道元年中宗李显即位，她临服改制。次年，废中宗，立睿宗李旦。载初元年废睿宗李旦，改名为"曌"，改国号为周，史称武周。神龙六年李显复位，上尊号为则天大圣皇帝，是年冬死。

武则天的父亲是山西的大木材商，寒门地主出身。他颇好交结，唐高祖李渊在河东时，曾在他家住过。李渊当时为太原留守，引用他做行军司铠参军，曾力劝高祖起兵反隋。李渊起兵时，他帮助李渊克服了王威、高君雅的阻难，后来又随李渊入长安。武德年间，他做到工部尚书，封应国公，从此才成为贵族。武则天母杨氏，是隋朝宗室宰相杨达之女。入宫之前，武则天的生活并不如意。她的少女时期随做官的父亲在四川生活，后来，父亲去世，同父异母的兄长对她们母女很刻薄，因此武则天在长安和母亲、妹妹有过一段很艰难的生活。贞观十一年，14岁的武则天入宫时，母亲杨氏伤心恸哭，武则天安慰母亲说："侍奉的圣明天子，岂知非福？为何还要哭哭啼啼，做儿女之态呢？"

对于唐太宗时期武则天在宫中的生活，史书并无详细的描述，仅见一次，唐太宗得到一匹名"狮子骢"的烈马，性格暴躁，不好驾驭。唐太宗为此叹息不已。当时武则天侍候在侧，她说："妾能驭之，然需三物，一铁鞭，二铁锤，三匕首。铁鞭击之不服，则以铁锤锤其首；又不服，则以匕首断其喉。马供人骑，若不能驯服要它何用。"此番言语凶狠残忍，全然不似出于一位柔弱女子之口，唐太宗夸奖武则天的志气，可内心却颇为不悦。

不幸的是，某一年空中出现太白金星，因为古书中也记载"三代之

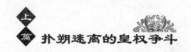

后，女主武王"，宫中武性女子只武媚一人。李世民为了社稷，从此绝不接近武媚，并将她贬为奴婢。武媚粗茶淡饭，在屈辱、嫉妒中成长。李治在他当太子的时候，就对武则天情有独钟。在孤寂的生活中，她逐渐与太子李治志趣相投，关系密切。李治悄悄将玉坠赠予她做定情之物。李世民驾崩后，按照惯例，没有生育过的嫔妃们要出家做尼姑，生育过的则要为死去的皇帝守寡，宫中凡受宠幸的女子全到感业寺削发为尼。两年的尼姑生活使武媚全面地回顾了宫廷生活的富贵与艰险。

　　李治嗣位，到了第二年，唐太宗的忌日，李治到感业寺里来进香，武则天的出现使李治又回忆起了先前的恋情，并私下令武则天蓄长发。最后武则天被李治带回宫中，再次回到自己生活过的唐朝皇宫，并被册封为才人。她能够回宫同时还有着另一层复杂的背景，当时王皇后正与萧淑妃争宠处于弱势，便想利用武媚的美貌，转移李治对萧氏的厚宠。遂令武氏暗中蓄发，献给李治。武则天回宫之初，也只是宫女身份，安排在王皇后身边。她能够"卑词曲体以事后"，王皇后"数称其美于上"。永徽三年，武则天生了长子李弘。永徽五年，武则天被册封为昭仪，地位仅次于皇后与淑妃。

废黜太子，巩固政权

武皇后终于如愿以偿，成为了武天后，从幕后走到台前，成功打造了"二圣临朝"的局面。但武后想要在宫廷权力斗争中走得更远，就必然会与当朝太子发生矛盾冲突。太子李弘突然病死，武则天的二儿子李贤接受了册立，成为新的太子。没有想到的是李贤后来竟然因为企图谋反，被废为庶人。人们都说，是武则天安排导演了这一切。这背后发生了什么事情，让她能够如此狠心呢？

李治想逊位给武则天，遭到群臣反对，然而就是这件事使武则天产生了我也可以做皇帝的念头。而一旦有了这个念头之后，武则天看待自己的儿子的角度就不一样了。如果说他们母子之间原先还只是权力之争的话，那么这个时候就已经演变成为皇位之争了。

太子李弘死了以后，武则天的二儿子李贤被立为太子。李贤是一个文武双全、天分极高的人，在被立为太子之后，还召集学者注释了《后汉书》。清朝学者王先谦认为李贤召集的人对《后汉书》的注，不亚于大学者颜师古对班固《汉书》所做的注。

李贤注《后汉书》背后贯穿着很重要的政治意图，他们大量地罗列

两汉历史上女主干政的事例，说当初吕后把戚夫人做成人彘，这很让人容易联想起武则天对待王皇后、萧淑妃骨醉之刑。尤其是这班文人在评论东汉女主干政的时候，专门强调了一句话："外言不入于阃，内言不出于阃。"这就让人想起武则天，当初褚遂良不同意她做皇后的时候，她居然直接与其对质，内外言不相干的这个规矩完全破坏掉了。

针对李贤注的《后汉书》，武则天亲自写了两本书给李贤，一本《少阳政范》说，你处于太子之位的人，该如何找准你自己的位置。此外，还编一部书《孝子传》给他，教育他应该做一个孝子。

680年，李贤因谋逆罪被废为庶人，流放巴州。文明元年，就是武则天临朝称制的时候，武则天派将军丘神绩到巴州去，逼令李贤自杀。

在李贤被废之后的第二天，武则天的第三个儿子李显就被立为了新的太子，改名叫李哲。

永淳二年的十二月四日，李治在洛阳病逝了。对于武则天来说，想当皇帝的话，这是一个绝好的机会，可是武则天没有，武则天安排太子在皇帝的尸骨旁边当场宣誓即位。遗诏当中写得很清楚，叫"太子枢前即位，军国大事有不决者，兼取天后进止"。

李治去世了，新皇帝在服丧期间，不能够处理朝政。李治临终之前就做了这个安排，按照汉代皇帝去世守制服丧的这个惯例，以一天代表一个月，也就是服丧27天就可以了。武则天在这个时候以天后的身份，替李显打理国家事务。

在这27天当中，武则天要把这个由于权力过渡所带来的震动减到最小的程度。她首先给还活着的李唐宗室不同辈分的人加官进爵。同

时，她开始提拔自己的亲信接管宫中的御林军。更为关键的一点，是把宰相议事的政事堂从门下省迁到了中书省，更有利于武则天对外发号施令。

27天很快就过去了，李显亲政了，恰恰李显的性格使他暴露出来问题。满朝文武都是母后安排的，李显就很不乐意。加上李显身边的新皇后韦氏总在怂恿他，将其父韦玄贞放在身边，作为贴心人。

李显就找宰相裴炎来商量，将其岳丈提拔为豫州刺史。没过几天，李显又找裴炎商量，要把岳丈直接提拔为门下省的长官侍中，也就是宰相。

俗话说得好，心急吃不了热豆腐。裴炎拒绝为李显起草任命韦玄贞作侍中的诏令，和李显起了争执。李显最后生气地说，你有什么资格不同意，我就是把天下让给韦玄贞又关你什么事儿呢？

这听起来更像是一句赌气的话，但天子无戏言，你竟然说出来要把天下让给韦玄贞，这社稷江山是由你随便说给谁就能交给谁的吗？裴炎抓住了他的把柄，把这句话原原本本向武则天汇报。

于是嗣圣元年二月六号，武则天将文武百官召集到了乾元殿，向他们宣布废掉李显，改立她的第四个儿子李旦为皇帝。

李旦十分乖巧，看到前面几位哥哥这样的下场，不是流放就是被废，于是，他主动请求母后代理朝政，自己退居幕后，甘做一个有名无实的皇帝。可是，李旦虽然忍气吞声，但并不代表所有人都能像他这样只求自保。684年的九月，在武则天大权在握还没半年的时候，就发生了一场针对武则天要直接掌权的叛乱，历史上叫作"扬州起兵"。

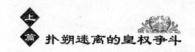

骆宾王起草的《代徐敬业传檄天下文》，后来收到《古文观止》里面，就叫《讨武曌檄》。骆宾王在檄文当中，非常不客气地用了很多词语，说什么"秽乱春宫"啊，"人神之所同嫉，天地之所不容"，等等，极尽谩骂之能事。最后一句说："试看今日之域中，竟是谁家之天下？"把武则天想要篡夺李唐政权这个意图公开地点了出来。檄文一出，百姓争相传诵。

这一次叛乱是唐朝开国以来，规模最大的一次内战，武则天镇定下来指挥平叛。很快，几天之内就调集了三十万的大军，开赴扬州前线。势如破竹，一个月左右，就把这一场叛乱给平定下来了，徐敬业兵败被杀，骆宾王下落不明。

这次叛乱对朝野的冲击非常大，因为把执政的首席宰相裴炎也牵扯进去了。裴炎接受不了武则天要直接称帝，要把宰相绊倒，最好的办法就是谋反，而且正好扬州起兵跟他也扯上了一点关系。裴炎在"扬州叛乱"被平定20天之后，在洛阳被斩。

武则天杀了裴炎之后，当场训斥群臣，说："你们当中如果是文官的话，有人比裴炎更厉害，比裴炎的地位更巩固的吗？"没人敢说话。从此以后，当朝之内再也没有人能够对她构成威胁了。

柔情若水，铁腕政权

李治在世时一直体弱多病，武则天难以尽兴床第之欢，李治去世后武则天便在后宫广纳面首。她所纳的第一个面首是薛怀义，薛怀义本名叫冯小宝，是洛阳城里一个贩卖脂粉的。太平公主见他身体魁梧强壮，于是引他进宫正式推荐给武则天，武则天便任命他为侍从。武则天和冯小宝夜夜同枕共眠，沉溺在云雨之欢中。为了让冯小宝出入宫禁方便，又因他不是士族出身，乃赐姓薛，改名叫薛怀义。让他与太平公主的丈夫、驸马薛绍联宗，让薛绍称他为叔父，这就大大抬高了薛怀义的地位。

从史书的记载来看，薛怀义既是武则天的面首，同时也是太平公主的情夫，可以说是武则天与太平公主母女两人共享的男妾。薛怀义曾主持重修洛阳白马寺，先后晋封为左威卫大将军、梁国公、右卫大将军、鄂国公等。他颐指气使，骄横傲慢之极，多蓄女子于外。又因武则天有其他内宠，薛怀义深为妒恨，更加为非做歹，恣意放火烧毁以五百万巨资建起的宏伟的明堂。武则天很是厌恶，太平公主便与其乳母合谋，使健妇扑杀了他。

武则天年已70岁，春秋虽高，齿发不衰，丰肌艳态，宛若少女。颐

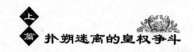

养之余，欲心转炽，武则天宠幸的面首有张易之、张昌宗兄弟及柳良宾、侯祥、僧惠范等多人，这些人都是以"阳道壮伟"而深得武氏宠爱，此类面首大部分是太平公主亲身尝试之后再推荐给武则天的。张易之、张昌宗兄弟俊貌美姿，善音律歌词。两人均涂脂抹粉，着锦绣豪华衣装，深受武则天宠幸。他们兄弟二人平步青云，屡被加封晋升。因武氏年事已高，故政事多委任张易之兄弟，二人权倾朝中，连武则天的侄儿武承嗣、武三思等人都争相为二人执鞭牵马。在武则天生前，他们一直备受宠信，炙手可热，骄横无比。

鉴于历代皇帝有三宫六院，武则天也想仿效。据《旧唐书》记载："天后令选美少年为左右供奉。"这时左补阙朱敬则进谏道："臣闻志不可满，乐不可极。嗜欲之情，愚智皆同，贤者能节之，不使过度，则前圣格言也。陛下内宠已有薛怀义、张易之、张昌宗、固应足矣。近闻上舍奉御柳良宾洁白美须眉，左监门长史侯祥云阳道壮伟，过于薛怀义，专欲自进堪奉宸内供奉。无礼无仪，溢于朝听。臣愚职在谏诤，不敢不奏。"武则天对朱敬则的犯颜直谏不但没有大发雷霆之怒，恰恰相反，竟然对他加以褒奖，说是"非卿直言，朕不知此"，并且赐给彩绢马匹。这样，既保全了面子，又收到了广开言路的良好政治名声。

作为女皇的武则天，是一个铁腕人物，然作为女人，也有情意缠绵、柔情若水的一面。《全唐诗》等录有其诗多首，如其《如意娘》诗云："看朱成碧思纷纷，憔悴支离为忆君。不信比来常下泪，开箱验取石榴裙。"

制造瑞祥，宗室起兵

688 年，垂拱四年，武则天 65 岁，为了加快她称帝的步伐。一方面，告密运动和酷吏政治发展到了登峰造极的程度，人心惶惶，无人敢言。另一方面，她大造祥瑞吉兆，使百姓相信改朝换代乃是天意。就这样双管齐下，武则天将忠于李唐帝国的臣民，逐渐改造成未来的武家王朝的支持者。这一年，李唐宗室终于意识到，如果再不做些什么，不仅李唐王朝将被取代，连他们自己身家性命也会不保。一场风波已经在所难免……

对于武则天来说，684 年可谓是惊心动魄的一年，短短几个月内，她安葬了皇帝李治，撤换了新皇帝，镇压了徐敬业的叛乱，又诛杀了首席宰相裴炎。政局如此动荡不安，或许让一向精力充沛的武则天都有些身心疲惫了。第二年的正月初一，武则天宣布改元"垂拱"，取的是"垂衣拱手，天下自治"的古训。

改元垂拱的第二年，武则天表示愿意还政于李旦，可李旦早就吓破了胆，坚决推辞。

刘祎之说："太后既能废昏立明，何用临朝称制，不如返政，以安

天下之心。"武则天听到这个话以后，说这个人不能留了，所以就下令把刘祎之给处死了。

刘祎之的这个信息，让她有一个更大的担心，我能够清理朝堂，但是全社会人心怎么样呢，我要再走出一步的话，他们会是什么反应呢？

武则天想要了解百姓的动向，于是于垂拱二年，在朝堂上设置铜匦。铜匦类似我们现在的意见箱，也是一个方形的东西，它有四面，每一面以不同的颜色来标识，就是青、丹、素、玄四色，接受投诉的内容是不一样的，每天有专人取信，直接送给武则天看。

这在历朝历代的皇帝当中，也算是一个非常伟大的创举，在皇帝和民间和社会的信息沟通渠道当中是一次创举。

也许武则天一开始的时候，首先考虑的是民生问题，以及民意问题，可是后来这铜匦的设置，竟然引发了一场声势浩大的告密运动。

中国帝制时代的传统里面，当政治有重大变革的时候，有祥瑞可以拿过来利用。当时社会上有一些人捕抓到了这个风向。不断地有地方报告到中央来，说我们这个地方有一只母鸡变成公鸡了，当时的话叫"雌鸡变雄"。

中国传统当中最大的祥瑞叫作河出图，洛出书。垂拱四年，武则天的侄子武承嗣命人在一块白石头上刻上两句话，"圣母临人，永昌帝业"，然后派人去到洛河里面把它挖出来。武则天得到这块石头以后，假装非常高兴，给自己加了一个头衔"圣母神皇"。

为称帝，武则天在垂拱三年的冬天建了一座明堂，明堂的圆顶上雕了一个大的凤凰，凤凰下面的衬托是九条龙。

垂拱四年的五月，武则天下发了一道诏令，为了庆贺明堂的建成，诏令所有的李唐宗室成员和各州刺史，在第二年年初齐聚洛阳，大享明堂。这个诏令一下达，原本正在谋划起兵的宗室成员，担心集体去了洛阳，会被一网打尽，他们便开始秘密地往来书信，商议如何应对这件事情。其中有一个人叫作韩王元嘉，他就开始秘密地致书各地的李姓诸王，跟他们说："大享明堂以后，太后必尽诛诸王，不如先起事。不然的话，我们李氏无种矣。"

所以在武则天要他们明年来洛阳祭享明堂这个命令下达以后，韩王元嘉就授意他的儿子，黄国公李撰给越王李贞和李冲父子写了一封信，在那封信中，就用隐语给李贞、李冲父子发出了信号说："内人病渐重，当速疗之，若至今冬，恐怕痼疾。"意思是说，现在内人有病，内人指的是武则天，我们不能等了，等到冬天恐怕就来不及了，唐王朝要完蛋了。

正当李贞和李冲父子在策划协同起兵的时候，元嘉的侄子李蔼，觉得李贞父子必败，便跑到洛阳去，向武则天告发，说宗室要起兵。那么这样一来，武则天为了平定李冲的叛乱，派十万兵马，李冲父子不战而败。

当时武则天手头握有肃清李唐宗室的很好的借口，没有参与起兵的这些诸王，包括李元嘉、李灵夔这些人都统统被抓到洛阳，武则天下令逼迫他们自杀。那个时候酷吏政治已经起来了，从这以后，不管是否参与到起兵当中来，一批又一批的李唐宗室皇亲纷纷被杀。到了武则天称帝之前，690年的时候，武则天下了一道令，把所有的原来李唐皇室成

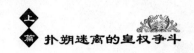

员的身份统统削除，把皇家的宗籍也废掉了。

武则天当皇帝的步伐是不能够阻止的，但武则天要做一个名正言顺的、有充分理论依据的女皇帝。恰恰在这个时候，有人向武则天进献了一部佛教的经典。这部经书的全称叫作《大方等无相大云经》，俗称《大云经》。《大云经》里面，讲了一个镜光天女的故事，她的前身是一位国王夫人，后来佛告诉她，你现在要化为菩萨，以女主之身将要当一片国土的国王。

武则天大喜过望，当即下令，由进献这个佛典的人组织人员进行翻译，在武则天称帝的前夕，颁行天下。

天命找到了，当然还要有民意。载初元年，690年的九月初三日，有一个人叫傅游艺，率领关中百姓九百多人从长安来到了洛阳，一起请求改唐为周，在洛阳上演了一场声势浩大的请愿活动。武则天接到请愿书以后，很严肃地说，这不能接受。

两天以后，九月初五，洛阳城里举行了更大规模的请愿，一定要武则天当皇帝，据说这一次达到了六万人之多。武则天又表示我不能接受，你们回去吧。

让人没有想到的是，李旦也加入到请愿的队伍中来，而且自请赐姓为武氏，改名武旦，自称现在是武家该有天下了。第一次请愿在九月初三，第二次请愿在九月初五，后来由于李旦的加入，达到了新的高潮，到九月初七，武则天正式接受称帝。

690年九月初九武则天登基改国号"唐"为"周"，武周帝国建立，这个时候的武则天已经是67岁了。从14岁进宫，32岁当皇后，50岁晋

升为天后，60 岁成为皇太后。如今，真的成了一国之君，她用了 50 多年的时间来奋斗。

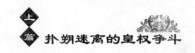

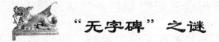"无字碑"之谜

神龙元年正月，宰相张柬之和崔玄暐、桓彦范等趁武则天年老病危之际，率左右御林军发动了政变，诛杀张易之、张昌宗于迎仙院，迎李显入朝，逼武则天让位给李显，恢复国号"唐"，武则天则由长生殿搬进了上阳宫。同年十一月，82岁的武则天病死在东都洛阳上阳宫的仙居殿，死前遗诏："去帝号，称则天大圣皇后。"次年五月与唐高宗合葬于乾陵，并只留下一块无字碑。

武则天无字碑和唐高宗碑并列在一处，矗立于乾陵朱雀门外。西面是"述圣碑"，由武则天撰文，唐中宗李显书写，歌颂了唐高宗皇帝李治的文治武功；东面就是武则天的"无字碑"，高大雄浑地矗立于朱雀门外司马道的东侧，与其西侧颂扬唐高宗文治武功的"述圣碑"比肩而立。"无字碑"由一块完整的巨石雕成，高7.53米、宽2.1米、厚1.49米，总重量达98.84吨。碑头刻有8条互相缠绕的螭龙，碑东、西两侧各刻有冉冉腾飞的"升龙图"一幅，升龙高4米、宽1米，其身躯矫健扭动，神态飘逸若仙，线条流畅，刀法娴熟。阳面是一幅狮马图线刻画，其狮昂首怒目，威严挺立；而马则屈蹄俯首，悠游就食。整座碑高大雄浑，雕刻精细，为历代石碑中的巨制。

　　令人奇怪的是，当初立这块碑时碑上竟未刻一字。后人所加的文字，也斑驳若离，模糊不清。据《乾县新志》载："向无字。金元后，往来登眺，有题咏诗篇刊其上。"《雍州金石记》也载："碑侧镌龙凤形，其面及阴俱无字。"只是从宋代起碑上才有了笔力险峻、字体俱备的题刻。那么，女皇武则天立这块异乎寻常的空白石碑，用意何在？成为一千三百多年来人们猜测、探究却莫衷一是的"千古之谜"。

　　武则天立"无字碑"，是武则天德高望重，无法可书？此说认为，武则天是我国历史上唯一的女皇帝，她参政以后，通过发展科举制度，大量吸收新兴人才，从而打击了豪门世族；她知人善任，不拘一格，鼓励举荐，擢拔了一大批能干的文臣武将，如姚元崇、狄仁杰、魏元忠、裴行俭、刘仁轨、李昭德、王及善等，史称"累朝得多士之用"；她还奖励农桑、兴修水利、减轻徭役和整顿田制，使国力增强，同时加强边防，改善与边境各族的关系。上继贞观之治，下启开元全盛，政绩蜚然，彪炳史册，远非一块碑文所能容纳，留下空碑一座，以示自己功盖过世。正如明代一位无名诗人在无字碑上题的诗中写的那样："乾陵松柏遭兵燹，满野牛羊春草齐；惟有乾人怀旧德，年年麦饭祀昭仪。"

　　武则天自知罪孽太大，无颜为自己立传，只能用"无字碑"来敷衍搪塞？此说提出的主要依据：一是武则天以手段骗得唐高宗李治的信任，从地位较低的"才人"爬到掌握大权的皇后，最终废唐改周，自立为帝，建立了武周政权。二是武则天培植自己的亲信，任用酷吏，实行告密和滥刑的恐怖政策，铲除异己。三是武则天当政时期，阻滞了贞观以来社会经济的发展，并曾失掉安西四镇，危害了国家的统一。她自知自己执政

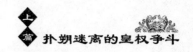

中，篡权改制，滥杀无辜，荒淫无道，罪孽深重，无功可记，无德可载，与其贻笑后世，不如一字不镌。持这一种观点的学者有岑仲勉、吕思勉等隋唐史专家，他们根据宋代著名学者朱熹的《通鉴纲目》和欧阳修的《新唐书》等史籍，认为武则天"即使撇去私德不论，纵观其在位21年，无丝毫政绩可记"，还说"武则天对外族侵凌，全乏对策，而又居心疑忌，秉性残酷，陷人于罪；赋民间农器立颂德天枢，铸九鼎，构天堂，对国民生计毫无裨益"。吕思勉则在其两卷本《隋唐五代史》中，把武则天说成是"暴君"，说她"使滥刑，任酷吏"，所谓"识人才"也是拉帮结伙、结党营私而已。

武则天一生聪颖机警，常做惊人之举，立无字之碑，意在千秋功罪，任后人评说。立"无字碑"是聪明之举，且留有遗言："己之功过，留待后人评说。"武则天执政期间，有积极的一面，如纳谏等；也有消极的一面，如任用酷吏、滥杀无辜、奢侈浪费等。武则天逝世以前，已被迫还政于李显，自知将来人们对她会有各种各样的评价，碑文无法概括好坏，所以决定干脆立一块"无字碑"，让后人去判断。持第三种说法的学者指出："从唐中宗起，陆贽、李绛、宋洪迈、清赵翼等人都很尊重武则天，对她评价很高。"认为，唐太宗打下的盛唐基础，建立了规模，而"武则天则巩固和发展了这一基础，没有武则天奋斗的50年，也就没有唐玄宗的'开元之治'，武则天对唐朝的历史起了承上启下的作用，是应该肯定的，但也不能以偏概全，武则天的错误也是严重的，尤其是其统治后期，朝政腐败，新贵形成，对历史的前进起了阻碍的作用。"由于功过相掺，这些学者认为："武则天是个聪明人，立无字碑立得聪明，功

过是非，让后人去评论，这是最好的办法。"

武则天在风雨无常的政治舞台上活动了半个世纪，可谓君临天下，不可一世。然而，武则天死后与唐高宗合葬在一起，究竟是称呼武周皇帝，还是李唐皇后？确实很为难。李显虽是武则天的亲生儿子，但却长期在其淫威下惶恐度日，几度险遭毒手，李显对母亲滥施酷刑、滥杀无辜的暴行也是非常憎恨的。李显当初即位不到一年，就被武则天废黜皇位，贬逐出京。先后 20 多年间，李显提心吊胆，惶惶不可终日，以至于每次听到武则天派人来看他，都吓得胆战心惊，他的长子李重润、女儿李仙蕙都因出言不慎而被武则天处死。此外，武则天晚年还一直思谋着将皇位传给其武家侄儿。有过这一番饱受折磨经历的李显，重登皇位后虽然不能公开发泄对母亲的憎恨，但也讲不出对她歌功颂德的好话，只好干脆一字不刻，为武则天留下一块"无字碑"。

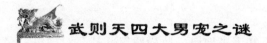

武则天四大男宠之谜

李治死后，武则天先后宠幸过四个男人，然而这四个男宠，却个个结局凄然。

武则天第一个男宠是薛怀义。薛怀义原名冯小宝，他虽然没有贵族血统，是一位游走江湖、以贩卖药材为营生的小伙子，可是凭借英俊潇洒、落落大方的先天优势走进了武周政治集团的核心层。

李治死后，太平公主为体恤母亲，把这位江湖游士引进了母亲武则天的晚年生活之中。时年，冯小宝刚过 30 岁，精力充沛，深得武则天的宠爱。

为了能让冯小宝合乎情理地往来于后宫，武则天接受太平公主建议，让冯小宝出家到白马寺，做一个僧人。其主要任务是修葺洛阳的白马寺，之后出任住持。即使如此，武后仍然没有放松对他的调教，要求他闲来学习佛教经典，修身养性，提升人生境界。这样一来，既掩饰了身份，又缩短了主从距离。为了从根本上提升冯小宝的地位，武则天还亲自为他改名为怀义，赐薛姓，甚至让太平公主的丈夫驸马都尉薛绍以叔父之礼对待。

688 年，武后把一项重要的差事交给了薛怀义，命其督建明堂。薛

怀义果不负武后所望，把督工之事干得井井有条。为了表扬他的功绩，薛怀义因功被擢为正三品左武卫大将军，封梁国公，随后又担任大总管，统率军队，远征突厥。

但是薛怀义很快变得不知天高地厚，骄横跋扈，甚至对御史、宰相都有些不敬，久而久之，他的这种行为也引起了武后的不满。

恰逢其时，御医沈南璆走进了武则天的私生活里。话说薛怀义，当他知道武则天和御医沈南璆的事情之后，尝试着挽回武则天对自己的情意。695 年的正月十五（上元佳节），薛怀义精心设计了一出上元晚会，可武则天根本不领情。气急败坏之下，正月十六日，薛怀义便一把火烧毁了明堂。对武则天而言，明堂是她得天命的标志，是她号令天下的场所，是武周王朝的象征。明堂顶上的凤压九龙造型，更是她的愿望所在，这些是她毕生追求的东西。在政权面前，冯小宝简单直就是微不足道的小角色！但是，冯小宝都想凭借着市井无赖的伎俩，以期引起武则天的关注。

结果，薛怀义当然被杀（一说被武攸宁率人暗杀，一说被太平公主暗杀，一说被是武则天下令诛杀），总之，他肯定死得很惨。

再说御医沈南璆，他为人温和，知晓武则天的心思。这时候，武则天已经年届七旬，身为御医的沈南璆尽职尽责，对女皇关心有加。一来二往，武则天便喜欢上了他，让他侍寝。可是，沈南璆长期在宫里行走，养成了唯唯诺诺、看眼色行事的习惯。最重要的是他身虚体弱，成全不了武则天的美意。

沈南璆因病去世后，后宫一度陷入了清寂落寞之中。

武则天郁郁寡欢，太平公主着急得不得了。于是到了万岁通天元年

（697年），太平公主又把年轻、通晓韵律、能歌善舞的张昌宗引荐给武则天。这个有着贵族血脉的年轻人不负公主所望，很快就博得了武则天的欢心。话说这个张昌宗，他的智慧非常人能及。为了壮大自己的力量，他很快把自己的哥哥张易之引荐给武则天。

事实上，一开始，武则天和二张的私生活还是很隐秘的，她并没有让他们公开出现在宫中。为了让他们公开出现在宫里，武则天让他们以在宫里写书（修《三教珠英》）为名，给了他们一个可以在内殿和后宫自由行走的名分。

在和武则天相处的8年时间里，张易之和张昌宗深得武则天的恩宠。张昌宗官至春官侍郎，封为邺国公；张易之历任司卫少卿、控鹤监内供奉、奉宸令、麟台监、封恒国公，赐田宅玉帛无数。张易之与张昌宗专权跋扈，朝廷百官无不惧之。

武则天晚年，朝政基本上由张易之兄弟专擅。太子李显之子李重润及永泰郡主私下议论二张专政和祖母的私生活。张易之听闻后至武则天处告状，风烛残年的武则天刚性不改，容不得别人对自己说三道四、指手画脚，遂将议论者统统赐死。

神龙元年（705年）武则天病重，大臣崔玄、张柬之等起羽林兵迎李显复位，把病榻上的武则天请下了皇帝宝座，并且，诛杀张易之、张昌宗兄弟。

据《太平广记》记载：二人在迎仙院被杀后，其尸体又于天津桥南被公开枭首。两人最终也落了个尸骨不全、惨死宫苑的下场。

至高皇权上扮演的小丑
——唐中宗两次登基之谜

唐中宗李显，出生于656年，武则天生他时刚升任皇后。父亲高宗李治给他起名为"显"，后又赐名"哲"，对他将来寄予了很大的希望。

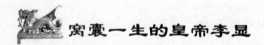 **窝囊一生的皇帝李显**

705年，81岁的女皇武则天病重，宰相张柬之趁机发动政变，逼迫她重新迎回了李显。李显在22年后，终于又一次登上了皇帝宝座。

苦尽甘来的李显，自然不会忘记当初在房州对妻子许下的承诺，于是韦皇后掌握了朝廷大权。掌权的韦皇后四处寻欢作乐，生活放荡，和

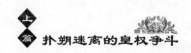

武则天的侄儿武三思勾搭成奸，败坏朝政。武氏家族的势力沉渣泛起，宰相张柬之等人知道情况后，便秘密觐见李显，要求诛杀武三思。但窝囊的李显不但不听，反而将武三思等人列为大功臣。张柬之叹愤道："当初不杀武氏诸人，是想让当今皇上亲自诛除，以显皇威，没想到现在事情到了这个地步，大势去矣。"

李显主动和武三思二夫共事一女，其乐融融。武三思更以皇后情夫的身份权倾朝野，结党营私，逼迫张柬之等人自杀。武三思狂妄地说道："我不知道世间谁是好人，谁是恶人，我只知道与我为善的就是好人，和我作对的就是恶人。"

而李显的女儿安乐公主则一心想替他分担朝政，她曾认真地向李显建议道："父皇，封我做皇太女怎么样？"可想而知的是，李显再怎么对她女儿宠爱，这个荒唐的请求也是不可能答应的，他委婉地拒绝了安乐公主的请求。安乐公主碰了个软钉子，从此便对自己的父亲心怀怨恨起来。

李显一生是极其悲惨可怜的，先是有一位强悍的母亲，后有一个不把自己放在眼里的淫乱妻子，更有一个把他视为皇位绊脚石的绝情女儿。母亲、妻子、女儿，男人生命中最重要的三个女人在他这里却成了冷血、恶毒、凶残的代名词。

扶李显上位的五位官员

长安四年（704 年）十二月，武则天因病避居迎仙宫。

武则天的病情很严重。朝堂无主，宰相也难见女皇。迎仙宫中只有张易之、张宗昌侍奉武则天左右，外人不得入内。史载："则天不豫。张易之与弟昌宗入阁侍疾，潜图逆乱。"张易之兄弟有没有造反谋逆的计划，我们找不出确切的证据来。但张易之两人极有可能怕武则天去世后不仅权势不在，还可能大祸临头，所以结纳羽林军将帅和部分大臣以防不测也是可能的事情。

张柬之和桓彦范、敬晖等大臣决定趁机诛杀张易之兄弟，逼病重的武则天让位，复辟唐朝。张柬之安排桓彦范、敬晖两人担任羽林将军，掌握禁兵，为政变提供保障。当时李显在北门起居。桓彦范、敬晖利用禁军将军身份拜谒李显，密陈政变计划，得到他的赞同。张柬之早年在外地担任刺史时，曾与荆州长史杨元琰一同泛舟。谈起武周的乱象，两人相互约定："他日你我得志，当彼此相助，同图匡复。"张柬之此时也推荐杨元琰担任羽林将军，共同筹划政变。

神龙元年（705 年）正月，武则天在迎仙宫的消息越来越少，政变集团决定就此发难。张柬之、桓彦范、敬晖联合左羽林将军李湛、李多

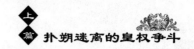

祚、右羽林将军杨元琰、左威卫将军薛思行等率左右羽林官兵五百余人向宫中进发。李显毅然出宫，走到了羽林军的前头。一行人走到玄武门时，官兵们看到李显，山呼万岁，张柬之、桓彦范等人就簇拥着李显冲向迎仙宫。在宫门口，守卫与叛乱者只发生了小规模冲突。当时武则天在迎仙宫的集仙殿养病，张易之、张昌宗两人就在集仙殿内，听到外面喧嚣，拿着兵器出来观看。在廊下，汹涌而来的羽林军将张易之兄弟当场杀死。张柬之等人事先还分派羽林军去各自的家中斩杀张易之的哥哥、汴州刺史张昌期，司礼少卿张同休。张家兄弟的脑袋很快就出现在天津桥南，长安的士庶百姓见了，没有不欢叫相贺的。

却说殿内的武则天听到外面人声杂沓，心知有变，撑起病体出来察看。她看到了张易之兄弟的尸体，看到张柬之等人持剑而来，已知道是什么情况。只见她缓缓地回到病床，厉声问道："何人作乱啊？"张柬之推拥着李显，并示意武士们涌到武则天病床前，说道："张易之、张昌宗谋反，臣等奉太子令入诛二逆，怕计划漏泄，所以事先没有禀报皇上……"

武则天强硬地打断张柬之的话，怒目瞪着李显，问："这是你的主意？你怎么敢这么做？现在张家两兄弟已经伏诛了，你还不快回到东宫去！"

张柬之同样强硬地回答："太子不能再返东宫了。以前高宗皇帝将太子殿下托付给陛下，现在太子年纪已长，天意人心都归顺太子。臣等不忘太宗、高宗皇帝的厚恩，所以奉太子诛贼，请陛下立即传位太子，上顺天心，下孚民望。"

武则天这才明白张柬之此行不单是为了诛杀张易之兄弟，而是冲着皇位来的。突然间，武则天感觉到一阵晕眩，她没有精力再跟儿子和大臣们理论了，只能默默地低下头。"谢皇上恩准！"张柬之朗声谢恩。

当时，相王李旦也率领南衙禁兵在宫外加强警备，配合宫内的政变行动。李旦和李显一样是个懦弱的皇子，他为自己今天的行动吓了一跳，一旁参与行动的儿子李隆基惊讶地看着父亲。就在他胆战心惊的时候，宫外传来了阵阵欢呼声，李旦的一颗心才落了下来。

政变成功了！

"神龙政变"的血腥气只停留在张氏兄弟之死上，张柬之和李显并没有大开杀戒。

病中的武则天得到了妥善安置。她虽然被迫将国政交给李显监国，并在不久之后禅位给了李显，成了"大圣皇帝"。一年后，朝廷适时公布了武则天的"遗制"。武则天在遗制中说要"祔庙""归陵"，也就是主动要求归附到李唐的宗庙，与丈夫高宗合葬。武则天还要求去掉帝号，改称"则天大圣皇后"，武则天最终还是作为唐朝的皇后进入了乾陵。人之将死，其言也善。之前朝廷公布的所谓武则天"遗制"极可能不是武则天的意愿，但之后公布的赦免武则天情敌王、萧二家及政敌褚遂良、韩瑗等人子孙亲属的罪行，令他们复业的内容极可能是她真实的意愿。

武则天去世后，上谥号为"则天大圣皇后"，祔葬于唐高祖乾陵。唐睿宗李旦在李显之后即位，给"则天大圣皇后"改了一个字，叫"天后"，不久又追尊为"大圣天后"，改号为"则天皇太后"。

"神龙政变"又被称为"五王政变"。因为政变后，张柬之被封为汉

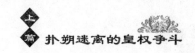
阳王、敬晖被封为平阳王、桓彦范被封为扶阳王、袁恕己被封为南阳王、崔玄暐被封为博陵王，时称"五王"。

对于张柬之等人的政变行动，当时和后来的人都持支持肯定态度。唐人皇甫澈就在《赋四相诗·中书令汉阳王张柬之》一诗中写道：

周历革元命，天步值艰阻。烈烈张汉阳，左袒清诸武。

休明神器正，文物旧仪睹。南向翊大君，西宫朝圣母。

茂勋镂钟鼎，鸿劳食茅土。至今称五王，卓立迈万古。

但是张柬之等五人的下场并不好，这和他们的政治幼稚病有关。当初，敬晖和桓彦范等人诛杀张易之兄弟后，洛州长史薛季昶曾经对敬晖说："二凶虽除，吕产、吕禄那样的人物依然存在。大人们应该借着兵势诛杀武三思等人，匡正王室，以安天下。"敬晖多次向张柬之提起，张柬之都不同意，敬晖也没坚持。薛季昶感叹道："我不知道日后会死在什么地方了。"之后，武三思勾结李显的韦皇后，"内行相事，反易国政"，武氏家庭武三思等及其羽党仍当权用事，"为天下所患"。一些议论就将责任推卸给敬晖。

武三思勾结韦皇后，谮毁张柬之等人，最后抓住敬晖的一个把柄告发了张柬之等五人。李显下诏说："则天大圣皇后，往以忧劳不豫，凶竖弄权。晖等因兴甲兵，铲除妖孽，朕录其劳效，备极宠劳。自谓勋高一时，遂欲权倾四海，擅作威福，轻侮国章，悖道弃义，莫斯之甚。晖可崖州司马，柬之可新州司马，恕己可窦州司马，玄暐可白州司马，并

员外置。"张柬之五人都被贬官。敬晖在失掉权柄，受制于武三思后，每每推床嗟叹惋惜，直至弹指出血。张柬之当初不乘胜追击，将以武三思为代表的武家势力铲除干净的原因："这应该是皇上的事情。皇上还是英王的时候，以勇烈闻名。我留下武家子弟，是希望皇上能够亲自锄奸立威。现在大势已去，再来说这些都没有意义了。"敬晖赴任崖州不久就被杀，张柬之在新州忧愤病死，崔玄暐在岭南病死，桓、袁二人则被李显派遣的使者杀害。

　　杀害张柬之五人的李显实在是一个昏庸的君主，他确实控制不了处于转折关头的唐朝天下。

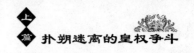

 李显是怎么死的？

景龙四年（710）韦氏恐其丑行表露，安乐公主想要韦氏临朝，封自己为皇太女，二人遂同谋进鸩，毒死了李显。关于韦后与安乐公主同谋毒死李显在当时便是存疑的，韦后真的毒死了李显吗？

李显被韦后鸩杀一事在《旧唐书》中没有记录，只见于《新唐书》和《资治通鉴》，《旧唐书》只说人们猜疑是安泰公主与御医同谋毒死了李显，其实不确定。

并且韦后鸩杀李显时是很是愚笨的勾当，以她以往的精明表现来看是很不合逻辑的。

关于李显的暴崩，《资治通鉴》是这么记实的："散骑常侍马秦客以医术，光禄少卿杨均以善烹调，皆出入宫掖，得幸于韦后，恐事泄被诛;安乐公主欲韦后临朝，自为皇太女；乃相与共谋，于饼餤中进毒。六月，壬午，中宗崩于神龙殿。"

文中记载由于韦后担心与马秦客、杨均偷情之事被李显知道后会杀了她，因此就与盼望当皇太女的安乐公主商量，由马奏客与杨均联手做一些毒饼，然后再由安乐公主送去李显吃，李显吃后立马暴亡。

韦后秽乱宫闱，李显早已得知，韦后怎么会突然怕奸情败露了？

李显活着的时候，时时坦护着韦后母女，韦后母女为可要杀他？

而且，只要李显活着，韦后母女更能大摇大摆地克制安国相王李旦、太平公主等异党。《旧唐书》中提到安乐公主时，只是说她盼望当皇太女，而并没有说她参与毒死父皇。

李唐皇室有气疾、风疾等（高血压、心血管疾病）的家庭遗传病史，先前不管是唐太宗、长孙皇后，还是唐高宗李治，都是死在了家族遗传病史里。按照当时人们的平均寿命，55 岁的李显忽然死于家族遗传病是非常可信的。

既然是这样，那为什么韦后母女会被说成为杀死李显的凶手呢？大概原因是后来唐玄宗李隆基出于政治的需要才故意这么说的。但不管怎样说，唐中宗李显忽然暴崩却是一个千古迷案。

按照两《唐书》和《资治通鉴》的记实，唐中宗李显是被毒死了。为了增强这个说法的合理性，《资治通鉴》在景龙四年的五月，即唐中宗弃世的前一个月还特意加上一笔："五月，丁卯，许州司兵参军偃师燕钦融复上言：'皇后奸淫，干与国政，宗族富强；安乐公主、武延秀、宗楚客图危宗社。'"

有人状告皇后奸淫，公主、驸马和大臣谋逆，李显当然要把告状人燕钦融找来当面盘问。面对李显的盘问，燕钦融大义凛然。现在这些丑事连地方小官都知道了，李显也感受没面子，因此就把燕钦融给放了。没想到燕钦融才出大殿，就被韦皇后的亲信——宰相宗楚客派人杀死在殿前。李显当然没有追究，但却头一次表现出了超乎平常的愤怒。韦皇后和她的同党这才担心起来，开始想对策。

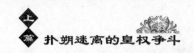

那他们到底想出什么对策呢？那即是下毒害死李显。但是，变乱真的是这样吗？李显理当不是被毒死的。为什么呢？

第一个出处是在现存史册中，第一次提到唐中宗李显被韦皇后谋杀，是在此后半个多月的一场针对韦皇后的政变中，带有明显的军事色彩。就在唐中宗弃世18天后，太平公主和李隆基连续策划了政变。当时一个政变的将军对战士说："韦皇后毒死先帝，我们今日要杀死韦后，为先帝报仇！"接着，说韦后毒死唐中宗只是给政变找了个充分的理由。

第二个出处，《旧唐书》提到了安乐公司想当皇太女、修定昆池等作威作福的细节，但却根本没提到她给唐中宗李显下过毒。这样的巨大遗漏，绝不是因为《旧唐书》的作者偏护安乐公主，只能说在当时人们并不认为安乐公主参与投毒的事。

第三个出处，韦皇后和安乐公主在死后都以礼改葬。在唐中宗死后半个多月，韦后和安乐公主也死于政变。当然政变打出的旗号是她们两个人毒死唐中宗这件事，但在政变结束后不久，她们俩却还是被以礼厚葬了。如果她们真毒死了唐中宗，怎么还能认可她们的身份、以礼改葬？

第四个出处，韦皇后和安乐公主当时并没有毒死唐中宗的实际需要。如果唐中宗在，她们还可以背靠大树，在他的保护下进一步发展势力。这样看来，说韦后母女毒死皇帝的纪实并不可信。

那么，唐中宗怎样会死得如此突然呢？这就要考虑他的家族遗传病史了。妇孺皆知，李唐家族有心脑血管的遗传病史，唐高祖、唐太宗、长孙皇后、唐高宗皆患了"气疾""风疾"。正因为如此，李唐王朝的皇帝们并不长寿，李显55岁死亡尚属正常。

　　此外，有的心脑血管疾病是以发病急、死亡率高为特征的，李显在没有任何症状的情况下暴卒，也符合心脑血管疾病的一般规律。这样看来，说韦后母女毒死中宗是一个千古冤案。当然，这只是一个猜想。

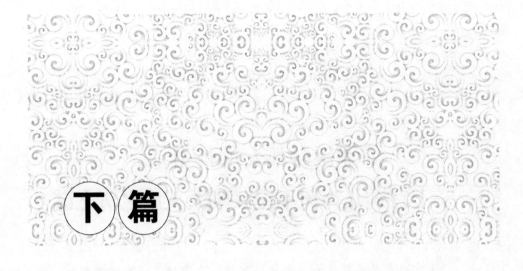

下 篇

谜团重重的臣妾之殇

　　唐朝除了武则天，还出现了韦后、安乐公主、太平公主等一批干政的女性。这种现象的出现，自有它社会的、种族文化的，以及个人的因素。臣与君，君与妾，他们之间发生了太多不为人知的秘密。

罪臣与孤女的侍奉
——上官婉儿为何不记武则天灭族之仇之谜

上官婉儿是一代才女。在唐高宗时，上官婉儿一家被武则天抄杀，然而上官婉儿却一心服侍武则天，她为何就不记武则天的灭族之恨呢？

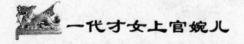
一代才女上官婉儿

　　武则天的心腹上官婉儿是个颇富传奇色彩的女性。要了解上官婉儿，应从她的祖父上官仪说起。上官仪，陕西陕县（今河南）人，初唐著名诗人，贞观进士，曾任西台侍郎同东西台三品（宰相）等职。他的诗婉

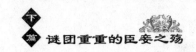

媚工整，在宫中颇有影响："工于五言诗，好以绮错婉媚为本。仪既贵显，故当时多有效其体者，时人谓为'上官体'。"

上官仪因帮助唐高宗李治草拟废除武则天的诏书，而遭到武则天的怨恨。麟德元年（664年）十二月，武则天以上官仪、王伏胜与废太子李忠同"谋大逆"为借口，将其诛杀，同时被杀的还有上官仪的儿子即上官婉儿的父亲上官庭芝等人。

上官婉儿刚好在那一年出生。按照封建社会株连九族的做法，这个女婴一出生就面临灭顶之灾。只因上官婉儿尚为乳婴，母亲郑氏又是太常少卿郑休远之姊，武则天终于发了慈悲，免上官婉儿及其母亲一死。将其母女发配至掖庭为奴。

上官婉儿的母亲生在书香门第之家，是大家闺秀，有很高的文学修养。困境中出人才。上官婉儿自幼就在母亲的教育和熏陶之下，刻苦读书，钻研学问。缘于天赋，加上受文学修养较高的母亲郑氏的影响，少年时代的上官婉儿文学才华就初露锋芒，14岁便能写出不同凡响的诗文，其诗词风格与祖父上官仪颇为相似，并将祖父绚丽浮艳的"上官体"发扬光大。

神龙元年（705年）正月，宰相张柬之等人发动政变，逼武则天退位，李显复位为皇帝。上官婉儿是武则天时期的红人，一朝天子一朝臣，按一般常理，上官婉儿也会随着武则天的黯然消失而退出政治舞台。但上官婉儿有着卓越的政治才干，因长期跟随武则天，早已锻炼成为一个中庸狡黠、八面玲珑的女官。她学会了左右逢源，学会了随机应变，因而具有不偏不倚、不亢不卑地应付着一切事变的非凡能力。正因如此，

李显重新即位以后，上官婉儿不仅没有失势，反而更加得宠。《旧唐书·列传第一·后妃上》说："自圣历（697年）以后，百司表奏，多令参决。中宗即位（705年），又令专掌制命，深被信任。"可见武则天退位后，上官婉儿又成了唐中宗的亲信，由此不能不惊叹这位女性的超常应变能力。不久，唐中宗又按照武则天早有的意愿，封上官婉儿为昭容，使她成了后宫高级嫔妃之一。

唐景云元年（710年）六月初二，李显暴卒，韦后秘不发丧。次日，韦后亲总庶政，分派人员守备东都，匆匆立中宗李显的第四子温王重茂为皇太子。上官婉儿负责起草中宗遗诏，原商定的内容是："（韦）皇后知政事，相王旦参谋政事。"由于大臣宗楚客和韦温极力反对相王辅政，韦氏私党遂改遗诏的内容为："罢相王政事，由韦后临朝称制，专断军国政事。"

六月二十日，即唐中宗死后的第十八天，临淄王李隆基发动政变，起兵诛讨韦后及其党羽。上官婉儿见李隆基带兵入宫，知已发生政变，遂手执灯烛，率宫人相迎，冀免一死。她拿出自己起草的唐中宗遗诏原稿给李隆基的亲信刘幽求看，想以此证明她并不反对相王（相王李旦是李隆基的父亲）辅政，以求李隆基保住她的性命。刘幽求为之转呈李隆基，李不许，遂斩于旗下。一代才女上官婉儿，最终成了封建皇室争权夺利的殉葬品。

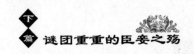

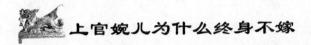上官婉儿为什么终身不嫁

武则天与上官婉儿，这两朵历史上芳香的奇葩，令多少后来人为之沉醉，为之神往。她们的功绩是不可磨灭的，一路走来她们彼此牵制，命运又那么相似。武则天坐天下，上官婉儿掌管了天下，是武则天成就了上官婉儿。因为上官婉儿一直担任武则天的丞相职务，虽无实名，但参决政事，处理机务，行使的是国相的职权。甚至到圣历年间上官婉儿势力崛起，武则天依然信任她，百官奏章都由上官婉儿先阅，并且圣旨、诏书基本上由她执笔。同样是女人，在情感之路上都是一波三折，按理说武则天是应该理解和体谅上官婉儿的，而且武则天对上官婉儿厚爱有加，那又为何不让她成家呢？

最早让上官婉儿情窦初开的是二皇子李贤，但是李贤27岁被废黜，那份致命的诏书却出自上官婉儿亲笔所书，为了生存，上官婉儿背叛了爱情，同时也出卖了自己的灵魂。武则天派她去东宫，检查出章怀太子李贤私藏武器。其实武后完全可以不通过上官婉儿去清洗东宫，她已枕戈待旦，胜券在握，但是她还是让上官婉儿去了。武则天是在考验她的冰雪聪明，令她欣慰的是上官婉儿把爱情埋葬了，上官婉儿从此成为了

她的心腹。她注定要牺牲一切去挣扎，包括原则、爱情甚至是良心，以此来换取生存的权利。

上官婉儿为了维持权与欲的和谐，陆续推荐情人给韦后和太平公主享用，同时还和李显、李旦、武三思有来往，但都不是纯粹的爱情。她与冯小宝有染，说明她很空虚。上官婉儿在40岁之后，钟情于小她6岁而又才华横溢的崔湜，她与崔湜的关系是从诗词歌赋开始的，这让上官婉儿觉得这就是爱情。现实中的崔湜很卑劣，并以卑鄙做武器，最终"以文翰居要官"。但是后来，上官婉儿曾和太平公主联合，拥护李显为帝，太平公主霸占了崔湜，导致上官婉儿和太平公主关系破裂，于是上官婉儿站在韦皇后一边。在临淄王李隆基兵变前夕，上官婉儿要求崔湜叛韦氏，反戈一击去投靠李隆基，冒着牺牲自己的危险，保全崔湜。

上官婉儿的爱情是悲哀的，她为了生存，隐藏了自己的情感，她一生都不停用智慧和身体，同宫里和朝堂上的男人做着交换。可她偏偏却在最后的爱情上全身心付出，做了最凄婉的情感祭奠！上官婉儿权掌天下的权力来源并依附于武则天，也被武则天牢牢掌握着。作为古代政治家，不论武则天还是上官婉儿，连文武百官都相当明白，联姻在政治中意味着什么。上官婉儿受武则天赏识参与政事，娶她的男人必须是高官，否则岂不是也丢了武则天的面子？武则天当然会考虑到利害关系，如果娶上官婉儿的男人有逆反之心，上官婉儿若和他联手，那岂不是给自己找了个庞大的对手吗？因此武则天不可能允许上官婉儿嫁人，上官婉儿心中也明白，连生命都要委曲求全，婚事更不能提。

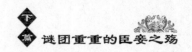

武则天对上官婉儿的夫婿挑选，只能在李、武两家里的人选，无论选谁都不可能平和李武两家。如果嫁给李家的人，无疑是让李家如虎添翼。如果嫁给武家的人，虽然会巩固周武势力，但势必会造成李家的人强烈反感，因为上官婉儿暗中也和李家有来往，家仇也一直是她心中的结，或许会把她逼到李家人身边。这样推断，即使武则天心中有合适人选，也不可能让上官婉儿出嫁！

上官婉儿是历史上有名的才女，她的一生可谓是坎坷传奇，虽然没有丞相之名，但有丞相之实。到了开元年间，皇帝李隆基追念上官婉儿的才华，下令收集其诗文，辑成二十卷，张说为她写："敏识聆听，探微镜理，开卷海纳，宛若前闻，摇笔云飞，成同宿构。古者有女史记功书过，复有女尚书决事言阀，昭容两朝兼美，一日万机，顾问不遗，应接如意，虽汉称班媛，晋誉左嫔，文章之道不殊，辅佐之功则异。"贞元时，吕温曾做《上官昭容书楼歌》，尚可见其文学生活的片段。上官婉儿在唐代历史中是个极有魅力的后宫女性，在《旧唐书》《新唐书》的"后妃传"中都有专篇记载。

尽管上官婉儿也曾一度享尽荣华与权力，但她仍要仰皇上、皇后、公主的鼻息，仍要曲意逢迎，个中甘苦恐怕只有她自己知道，后来，她仍未逃脱厄运，做了皇权争斗的牺牲品。

权力与亲情的对抗

——李隆基继位之谜

> 作为一个政治人物太平公主曾一度活跃在历史舞台上，她一生参与了三次大的政治斗争，并且卷入的程度一次比一次深，起的作用也一次比一次大。太平公主与李隆基到底有着怎么样的利害关系？

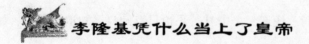

李隆基凭什么当上了皇帝

唐玄宗李隆基（685—762），是唐朝继太宗李世民之后又一位很有作为的皇帝。712 年到 756 年在位，是唐朝在位时间最长的皇帝，也是寿命最长的皇帝之一。李隆基在位前期，唐朝政治清明，经济雄厚，军事强盛，四夷宾服，万邦来朝，开创了唐朝最鼎盛时期，史称"开元盛世"。然而晚年昏庸，独宠杨贵妃，贻误朝政，导致"安史之乱"的发生，使得唐朝国力日趋衰败，开始走下坡路。李隆基为唐睿宗李旦的第三个儿子，是唐高宗李治和武周圣神皇帝武则天的亲孙子，母亲是窦德妃。按照封建宗法制度，皇位继承人非嫡即长，而李隆基非嫡又非长，他又是怎样得以继位的呢？

李隆基于垂拱元年乙酉年八月初五戊寅日（685 年 9 月 8 日）生在神都洛阳。就在他出生的一年前，他奶奶武则天废李显为庐陵王，他的父亲、豫王李旦成为唐朝的第五位皇帝。但李旦即位后，不仅不能在正宫上朝听政，且只能居住在别殿，由武则天临朝称制。所有国家政治事务全由武则天一人专决，李旦实际上是个傀儡皇帝。李旦作为皇帝名分只做了两件事：一是在立他为新君的同一天，把他的王妃刘氏立为皇后；二是几天以后把他的长子、由刘皇后所生的、时年 6 岁的永平郡王李成器立为皇太子。这就是说，在李隆基没出生的时候，他的兄长李成器已经是既定的皇位接班人了。五年之后，武则天废唐建周，成就了一代女皇的伟业，李隆基的父亲李旦被降为皇嗣（候补皇位继承人），赐姓武，徙居东宫，其具仪一比皇太子，但没有皇太子的名分，而李成器也从皇太子成了皇孙，皇后刘氏也降为妃。

李隆基从小就经历了如此错综复杂的宫廷变故，促使他形成了意志坚定的性格，也为他以后的政治生涯奠定了坚实的基础。李隆基小时就很有大志，在宫里自诩为"阿瞒"，虽然不被掌权的武氏族人看重，但

他一言一行依然很有主见。武则天对这个年小志高的小孙子倒是备加喜欢，在他8岁那年封他为临淄郡王。圣力元年（698年）三月，已知天命不远的武则天将庐陵王李显迎回宫中，李旦以皇嗣身份让位皇兄为皇太子，自己再次被封为相王。神龙元年（705年），82岁的武则天病重，张柬之等发动宫廷政变（史称"神龙之变"），逼武则天退位，拥立李旦复位，拜李隆基的父亲李旦为安国相王，拜太尉，以宰相身份参与国政。当年年底，武则天去世，李隆基时年20岁。李旦即位时已48岁"高龄"，确定继承人问题是当务之急，按照宗法的嫡长制原则，应立长子李成器为太子，况且其第一次登基已经明确宣布李成器为太子，但镇压"韦氏之乱"却多亏了三子李隆基，于是李旦长时间意绝不定。当时，长子李成器猜到了父皇的心事，于是说："储副（皇太子）者，天下之公器也，时平则先嫡长，国难则归有功。若失其时，海内失望，非社稷之福，臣今敢以死请。"李旦听罢，仍犹豫不决，李成器便"累日涕泣""言甚切至"。李旦被李成器的诚心让位之举所感动，同意了他的请求。李隆基知道后，"又以成器嫡长，再抗表，固让"。就这样，兄弟两人再三谦让，由于李成器坚辞固让，最后确立李隆基为皇太子。

而此时，李旦的小妹、李隆基的姑姑太平公主也在梦想着像她母亲一样当上女皇，于是自恃为李旦即位有功，快速培养自己的势力，而软弱的李旦对此事一让再让，无计可施。太平公主在向哥哥发难的同时，起初并没有将年轻的侄子、新晋太子李隆基放在眼里，但她慢慢觉得英勇果断的李隆基才是她的主要竞争对手，于是大造舆论，说：李隆基不是长子，没资格做太子，更不能继承皇位。其目的是要废除李隆基的太

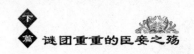

子身份，为自己以后做女皇铺平道路。延和元年（712年）八月，已厌烦皇帝生活的李旦将皇位提前传位给太子李隆基而当上了太上皇，但仍然掌握着朝政大权。同年，太平公主的丈夫武攸暨去世。李旦的让位加剧了李隆基和太平公主之间的矛盾，双方都在积蓄力量，准备除掉对方。先天二年（713年）七月，李隆基先发制人，亲自率军诱杀了太平公主手下骨干左右羽林将军和宰相等几十人，太平公主潜逃三日后返回，太上皇李旦出面请唐玄宗恕其死罪，被唐玄宗拒绝，太平公主最终被赐死在家中，其夫武攸暨坟墓也被铲平。随后，李隆基将之前倾向太平公主的官员全部罢官废黜，终于掌握了皇帝应有的权力。当年，李隆基把年号改为开元，表明了自己励精图治，再创唐朝伟业的决心。

而对于真心让位的兄长李成器更是感恩有加，真情善待。在李隆基被确立为太子后，李隆基让人制作一床大被和一个长枕，与兄同枕共眠。登基之后，李隆基在兴庆宫盖了一座楼，称"花萼相辉之楼"，其意是兄弟之间和睦友好像花和萼那样相依相生。开元二年（714年），李隆基晋封兄长为宋王，拜左卫大将军。开元四年（716年），因避李隆基生母昭成窦皇后之讳，李成器改名为李宪，晋封为宁王。开元二十一年（733年），迁升为太尉。开元二十九年（741年）十一月李成器病逝，享年63岁。李隆基听到兄长病逝的消息后，"号叫失声，左右皆掩涕"。次日，即下诏追谥成器为"让皇帝"，以皇帝之礼安葬成器，称其墓曰"惠陵"（在今陕西蒲城境内）。

史载，李隆基"性英明果断，多才多艺，知晓音律，擅长书法，仪表雄伟俊丽"，而其兄长李成器也是少年时才气过人，成年后精通音乐，

尤其对西域龟兹乐章有独到的见解，曾做过杨贵妃的音乐教师。历史上多见兄弟为争位互相残杀，而像李隆基与李成器这样手足情深，互让皇位是罕见的。李成器让帝位，博得了后人的高度赞誉，如清人何亮基在《游惠陵》诗中写道："宫中喋血千秋恨，何如人间作让皇。"

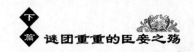
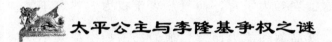

太平公主与李隆基争权之谜

太平公主一生参与过三次政治斗争，她参加的第三次政治斗争是与太子李隆基之间的斗争。唐睿宗朝的政治焦点是太平公主想像武则天那样当女皇，而太子李隆基要争皇位。太平公主要想达到目的，必须抑制太子李隆基的势力。为此，太平公主极想选一个弱小者为太子。这就需要废掉李隆基。于是她不仅造舆论说李隆基不是长子，不当立为太子，甚至召集宰相要求将太子换掉。到睿宗朝末期，"宰相七人，五出公主门"，"在外只闻有太平公主，不闻有太子"（《旧唐书·王琚传》），左、右羽林将军也都投靠了太平公主。先天二年，太平公主准备以羽林兵从北面、以南衙兵从南面起兵废掉李隆基。可是，李隆基先发制人，首先诱杀左、右羽林将军，然后迅速除掉了参与阴谋的宰相。太平公主逃入山寺，"三日乃出，赐死于第"。

唐睿宗在位的三年中，太平公主参与政治最深。这时的她大规模培植个人势力，试图效仿母亲武则天，干预政治。她的企图失败了，失败的原因很多：一是太平公主在经济上暴敛财物，在生

活上骄奢淫佚，并纵容手下夺民财产、与民争利，不得民心。二是太平公主扩充她的势力，主要靠金钱收买，"谓儒者多窭狭，厚持金帛谢之"，以致在她手下的士人大多品行不正。这些人不是以如何将国家治理好为宗旨，而只热衷于权力，热衷于维护太平公主的私欲。就品德和能力而言，他们远不如李隆基手下的宋璟、姚崇、张说等能臣。三是太平公主在政治上毫无建树。她的政策只是想掌握权力，实现干预政治的愿望。唐中宗时，安乐公主、长宁公主、上官婕好、尚宫柴氏等一批女人干预政治，制定了"斜封"授官的政策。就是说，如果按正常程序授官，是由皇帝下诏封好交中书省办理，而这些女人则纳贿授官，只要交钱三十万，哪怕你毫无能力，也可以授你官。这时的授官为了区别正常方式，就另写诏书"斜封"后交中书省办理，这种官叫"斜封官"，当时以这种方式得官的"凡数千员。内外盈滥，无厅事以居"（《新唐书·选举志》）。"斜封官"是女人干预政治的一个标志，睿宗初即位，姚崇、宋璟将这数千"斜封官"全部停罢，但四个月后，在太平公主干预下，"斜封官"又全部恢复了。在太平公主看来，"斜封官"存在与否，是女人能不能干政的一个象征，但对民众来说，它却是一种腐败政治的体现，所以当时人说"姚、宋为相，邪不如正；太平用事，正不如邪"（《旧唐书·柳泽传》）。

唐朝除了武则天，还出现了韦后、安乐公主、太平公主等一批干政的女人。这样一种现象的出现，自有它社会的、种族文化的，以及个人的因素，值得研究。随着社会的发展变化，唐朝到太平公主以后，这种

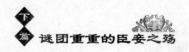

"女人干政"的现象再也没有出现过。因此，从这个意义上说，太平公主的死，结束了唐朝"女人干政"的时代。

李隆基为何能成功夺得皇位

　　李隆基从小就经历了错综复杂的宫廷变故，这也许促使他形成了意志坚定的性格。他在身处逆境时善于韬光养晦，躲过了武则天对李唐宗室的严酷迫害，即使在中宗在位时，他也十分谨慎。其实，他自幼饱读诗书，聪慧过人，又兼性格英武，胸怀大志。表面看来，他好像迷恋于声色犬马，实际上处处留心朝廷的动静。

　　李隆基17岁时，跟随祖母来到长安，耳闻目睹西京的风物，更加培植了他对李唐祖宗功业的感情。初涉政坛，耳濡目染宫廷政治斗争的残酷与复杂，使他增长了政治斗争的见识，丰富了对国家政务的阅历。

　　李隆基从武则天身上，无论从正面还是从反面，都学到了许多东西，使得他后来调整统治政策时，吸取了其祖母的统治经验和教训，这也为"开元盛世"奠定了一个重要条件。武则天对自己的政敌斩尽杀绝的做法，坚定了李隆基对自己的政敌除恶务尽的指导思想，这些都在以后他铲除韦后集团、消灭太平公主奸党的斗争中表现出来。

　　如果说，在少年时期，李隆基介入政治主要是由于受父亲地位的影响，那么，到青年时期，政治的影响就不再限于父亲地位的变化了，其中对他影响最大的，应当是神龙政变。

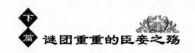

长安三年，李隆基跟随祖母武则天又回到了东都洛阳。就在次年，李隆基21岁，"神龙政变"爆发。在"神龙政变"时，相王府肯定介入其中，李隆基作为相王府的重要成员，即使没有确凿的史料证明李隆基也"从相王统率南衙兵仗"，但他也肯定目睹了政变过程，应当说，"神龙政变"形成了他以后处理类似问题的基本准则。

早在神龙元年中宗复位时，李隆基被升为卫尉少卿之职，主要掌管武库兵器及守卫宫门的官属，这也是个有权支配禁军的要职，于是李隆基与禁军首领有了频繁的往来。李隆基从唐朝宫廷的三次政变中吸取到一个最根本的经验，那就是必须有禁军的支持，才有胜利的希望。

"万骑"是唐代皇帝的侍卫亲军，初创于太宗初年，从太宗率领的直系军队中选出一批骁勇善战之士，开始只有百人左右，谓之"百骑"，"百骑"的兵士穿着画有兽纹的衣衫，使用绘有豹形斑纹的马鞍；到武则天时，逐渐加人，谓之"千骑"，分别隶属于左右羽林营；中宗时，又称为"万骑"，人数更加众多。设置了果毅，由葛福顺、陈玄礼等人统率这支亲军。李隆基虽为郡王，却懂得礼贤纳士，他从不以王爷身份压人，得到了"万骑"果毅葛福顺、陈玄礼等人的认可，这些人经常接受李隆基的邀请到王府参加宴会。

李隆基在做了三年的卫尉少卿之后，于景龙二年四月，某政治叛乱事件的牵连，被降职任命为潞州别驾。别驾即是州的副长官，主管一州的兵马事。

景龙三年冬至中宗举行祭天大典，那是唐中宗复位之后三年的第一次祭天大典，因此十分隆重。朝廷中的文武百官、皇室成员以及分封在

外地的诸王都要回京参加，李隆基兄弟也被召回京师。大典之后，李隆基留在了长安，居于隆庆坊。那一年他25岁。李隆基住在长安之后，对朝廷的形势有了更加深刻的了解，他看出一场政治变乱将是不可避免的。

于是，他进一步搜罗有用的人才，加强自己的力量。李隆基首先找到了前朝邑县尉刘幽求，此人极富谋略，在张柬之等人发动"神龙兵变"时，他就建议除掉武三思，但桓彦范等人不听，结果都被武党害死。李隆基结识刘幽求之后，便积极与他商讨大计。另外，李隆基还争取到了尚衣奉御王崇晔、西京苑总监钟绍京等人，这些人均是皇宫中下层但有实权的人物。王崇晔掌管皇室的服装和车马，清楚皇宫内的动静；钟绍京是皇宫内苑的总监，对宫内门庭道路十分熟悉，具有出入禁宫的方便条件，而其手下的亲信多达百余人，则成他私自招募的武装。

李隆基在做卫尉少卿时，就已开始与"万骑"中的中下层官员结识相交，此次回住长安，更是诚心接纳，积极拉拢。这时候，韦后的失误给他创造了机会。韦后早已意识到禁军地位重要，在中宗时已加强了对禁军"万骑"的控制，将羽林军的领导权交给了亲信韦播等人，并且还把持了长安城的警卫防务。韦后的措施引起了"万骑"的不满，韦播等人为了树威，更是冷酷严峻，兵士常遭痛责处罚，从而激化了矛盾。李隆基乘机劝诱万骑果毅葛福顺、陈玄礼等人参加谋划，以图消灭韦党。这些人的支持和参与，为李隆基的政变成功提供了保证。

当唐中宗李显突然驾崩、韦后临朝称制的消息传来时，李隆基感到自己的机会到了。他发动兵变诛杀了韦后，这是他第一次以主角的身份参与政变，却做得相当成功。

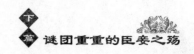
唐玄宗"传位"之谜

唐肃宗在灵武即位是唐朝中期政治史上的一件大事,一直以来颇受人们关注。玄宗交出政权,由肃宗接受政权,在这一交接过程中,至今留有许多谜团还没有被解开。这其中人们最关心的问题是:唐玄宗李隆基真的有意传位?

唐肃宗李亨是玄宗李隆基的第三个儿子,从小聪敏强记,两岁封王。玄宗废掉太子瑛之后,朝廷中以李林甫为首的多数大臣都拥护唐玄宗宠妃武惠妃的儿子寿王瑁为太子。但是李隆基却认为李亨年长,在他的坚持之下,李亨得以在开元二十六年(738年)入主东宫。天宝十三年(754年)正月,安禄山来朝,李亨觉得他有谋反的迹象,于是请求李隆基诛杀安禄山,但是李隆基没有听他的话。后来,安禄山果然叛变,大兵压向京师,李隆基等仓皇向蜀郡出逃。

马嵬驿兵变之后,李隆基的朝中大臣产生了意见分歧。有的认为不可以到蜀郡去,有的主张到太原,有的提议到朔方,有的说还是回京师的好。李隆基一心想入蜀,在征得大家同意后决定继续前进。老百姓们"遮道请留",希望皇帝不要离开宫阙陵寝所在之地。李隆基想了很久,

最终还是决定西行，叫太子李亨留在后面宣慰父老。百姓父老拉住太子骑的马，太子无法前行。太子的两个儿子及李辅国劝太子留下来，以便东讨逆贼。李隆基走出了一段路，见太子不来，心中有所疑虑，无奈之下，拨给他两千人马，命他收复长安。

有学者认为，太子"不得行"是故意制造的假象。长期以来，太子与父皇有较深的裂缝。李隆基曾同日赐死三个皇子，太子看在眼里，心里十分恐惧。如果继续跟随父皇到蜀郡，今后太子地位能否保住，是难以预料的。他采用了李辅国等人的意见，让老百姓出面遮道请留，以求得发展个人势力。李隆基已经预感到太子要走自己的路了，不禁叹了一声："天命也。"就与太子分道扬镳了。

李亨率众自奉天一路北上，于天宝十五年（756年）七月到达灵武。仅过三天，他就在城南即位，遥尊李隆基为太上皇，改元至德，颁布诏书，大赦天下。

就像当年李亨能入主东宫，全靠其父王李隆基的坚持一样，史书记载，李亨能在灵武顺利即位，其父亲的"让位"之举起到了关键作用。

从《唐大诏令集》收进的《肃宗即位赦》和《肃宗即位册文》这两份官方文书来看，李隆基似乎在马嵬驿兵变和安史动乱之前就已经有厌烦朝政的情绪，并且有要传位给太子李亨的念头。《旧唐书》的《韦见素传》和《杨贵妃传》以及《资治通鉴》等分别提到了唐玄宗想要传位或禅位之事，论调与上述两份文件一致。因而从表面上看，李隆基早已有了禅位之心，马嵬驿兵变则让他如愿以偿。然而，只要再仔细探究一下整件事情的前因后果，就不难看出其中存在着许多不合逻辑的地方。

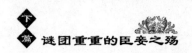

《旧唐书》和《资治通鉴》均言唐玄宗在天宝十三年（754 年）时就已有了传位之心，但恰恰是在这一年，他在兴庆宫接受了大臣送给他的"开元天地大宝圣文神武孝德证道皇帝"的徽号，并为此颁发了全国大赦文，从中看不到一丝一毫他想禅位的迹象。虽然这一年，他也曾几次向高力士提起要将"朝事付之宰相，边事付之诸将"，但是将朝廷大事委托给将相显然与传位没有什么关系。

事实上，李隆基、李亨父子于马嵬驿分道扬镳之后，李隆基并没有听任李亨一个人去平定叛乱，自己在成都静待佳音。相反，他于入蜀途中从容布置平叛，从未忘记自己的帝王身份。他到成都后的第十四天，李亨从灵武派出使者赴蜀，向他报告即位的事情。四天后，李隆基颁布了《命皇太子即皇帝位诏》。此诏其实已无任何作用，太子早已即位，所谓"命"已是徒有虚名，只不过是为自己被迫让位留点面子。诏中，李隆基说自己尽管已是太上皇，但李亨在处理军国事务后必须向他奏报。此外，他还为自己保留了以"诰旨"形式处理事务的权力，并用诏令的形式使之固定化和法律化。李隆基所做的这一切的结果，不但没有让人看出他有"高枕无为"的意向，相反，使唐朝在一段时期内形成了一个由太上皇和皇帝同为政治中心的特殊的中央政治格局。

李亨在灵武，得到了郭子仪等人的帮助，壮大了军力。是年九月南下扶风，举起了平叛的大旗。九月底，在顺化（今甘肃庆阳）他见到了韦见素等人。韦见素等献上传国宝及册书，但李亨不肯受，假惺惺地说："近来中原还没有安定，我只是暂时总领百官，哪里敢乘人之危，抢夺皇位？"群臣固请，李亨还是不许，就将皇权象征物传国宝和册书置于别殿，说就

如孝子朝夕事奉父亲一样，每天昏定而晨省。至此，"传位"也就结束了。

至德二年（757年）九月，唐军收复长安，在蜀郡流浪了一年多的李隆基在李亨的迎接下回到了长安。作为太上皇，他重新回到了兴庆宫。不久，李辅国在李亨授意下将李隆基幽禁于西内，直至最终幽愤而死。

许多人认为，尽管史书记述了众多李隆基情愿传位的资料，但从种种疑点推断李隆基禅位并非出自他的本意。他之所以会在得知李亨灵武即位之后，马上做出反应，颁布《令肃宗即位诏》和《肃宗即位册文》，其实是一种政治手腕。因为此时李亨已得到朔方的支持，打出平叛旗号，他不得不承认这一既成的事实，况且，这样一来，他也能名正言顺地在李亨即位后的国家政治中施加自己的影响。他们还认为，《旧唐书》和《资治通鉴》所提到的"内禅""传位"之事其实指的是天宝十四年（755年）十二月，李隆基意欲亲征叛军而命太子监国一事，与传位于太子没有关系。

然而，这一切也只是推测，要真正揭开唐玄宗"传位"的真相，还有待学者和历史学家们提出更多有力的证据。

唐玄宗赐死杨贵妃

——美人杨贵妃生死之谜

马嵬兵变，是唐代历史上一次重要的政治事件。它标志着唐玄宗统治的结束和唐肃宗统治的开始，在唐代政治史上具有十分重要的意义。关于兵变中杨贵妃自缢于马嵬坡的历史真相，历来是唐史学界积极讨论的课题。

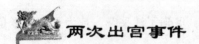 两次出宫事件

杨贵妃作为唐玄宗的宠妃，一生之中却有两次出宫事件。据有关史书记载，第一次，杨贵妃恃宠骄纵，得罪了唐玄宗，被遣归娘家。可是，杨贵妃出宫后，唐玄宗饮食不进，高力士只得又把她召回来。正史记载

这次事件的过程是这样的：《旧唐书卷五十一》记载"五载七月，贵妃以微遣送归杨铦宅""天宝九载，贵妃复忤旨，送归外第"。《新唐书》卷七十六记载："它日，妃以遣还铦第，比中仄，帝尚不御食，答怒左右。高力士欲验帝意，乃白以殿中供帐、司农酒饩百余车送妃所，帝即以御膳分赐。力士知帝旨，是夕，请召妃还，下钥安兴坊门驰入。妃见帝，伏地谢，帝释然，抚尉良渥。"《资治通鉴》记载："妃以妒悍不逊，上怒，命送归。"这几部正史都没有正面地详细说明这件事的发生过程，但却异口同声地说是杨贵妃因犯错误得罪了唐玄宗而被送归娘家。《资治通鉴》记载的理由是"妒悍不逊"，究竟发生了什么事，还是没说。野史《开元传信记》记载："太真妃常因妒媚，有语侵上，上怒甚""太真妃常因妒媚，有语侵上，上怒甚，召高力士以辎送还其家"。

不难看出，杨贵妃此次被撵的罪名是"妒悍不逊"。杨贵妃嫉妒的对象是谁呢？很多人猜测是唐玄宗的另一名妃子——梅妃。梅妃，何许人也？根据宋人《梅妃传》记载："梅妃叫江采萍，比杨贵妃早19年入宫。当年，唐玄宗最宠爱的武惠妃去世，唐玄宗心中失落，宦官高力士便建议在全国选秀。高力士来到福建，见到了江采萍，惊为天人。于是，把她带回宫，献给了唐玄宗。"江采萍不仅容貌美丽，而且温柔典雅，很快便掳获了李隆基的心。江采萍自小喜爱淡雅，也喜欢同样淡雅的梅花。李隆基便将她封为梅妃，特地在后宫为她栽种了一片梅林。当梅花盛开之时，李隆基便携梅妃来到这里，赏花吟诗，恩爱无比。后来，李隆基又见到了杨玉环，便为她的风韵所倾倒，因为二人同擅长音乐，很快成为了知音。之后，李隆基便日日与杨妃在一起，很快就把梅妃忘却了。

梅妃擅长诗赋，一日，她写了一首《一斛珠》，托人带给李隆基。李隆基见诗，便想起了昔日与梅妃在一起的情景。于是，便召她入翠华西阁叙旧。不料，此事被杨贵妃探知，醋意大发，把李隆基和梅妃一番羞辱。李隆基毕竟是皇帝，怎能让贵妃如此教训，一怒之下，命人将杨贵妃送回娘家。

这件事被后人传得沸沸扬扬，但是，历史上是不是真有梅妃这个人呢？其一，不论是《旧唐书》《新唐书》，还是司马光的《资治通鉴》，都没有记载有梅妃这个人；其二，我们所看到的有关梅妃的书籍，其内容是从《梅妃传》衍化而来的，而《梅妃传》一文无作者（有人认为是唐曹邺所著，并无实据），抄录者也不知作者是何人，只知他是北宋、南宋之交人士。而《梅妃传》是最早记载梅妃其人其事的作品，其他所有关于梅妃的记载都是源于该文，而且大多是该文的转抄，或者增加了传说部分；其三，在《梅妃传》里有这样几句话："今世图画美人者，号梅妃，泛言唐明皇时人，而莫详所自也。"其意思说，当今（宋代）仕女画中的梅妃，人们只大概地说她是唐明皇时的人，而对她的身世却不大了解，因此鲁迅先生在《中国小说史略》中说到："《梅妃传》一卷亦无撰人，盖见当时有把梅美人号梅妃者，泛言唐明皇时人。因造此传……"治学严谨的文学家郑振铎也否认梅妃的存在。最后，查考唐代史籍，并未发现有高力士到闽粤选美的记载；《梅妃传》所记梅妃被贬所居之上阳东宫在东都洛阳，它与长安相距数百里，而洛阳上阳东宫又无翠华殿西阁，何以会出现唐玄宗夜召梅妃，当被杨贵妃发觉后，又怎会有梅妃"步归东宫"之事？

那么，杨贵妃是因为什么吃醋呢？又吃谁的醋呢？我想，杨贵妃吃醋应该是因为李隆基的风流。李隆基时期专门设了一个职业，叫作"花鸟使"，专管到民间搜罗美女以充实后宫。李隆基是个风流天子，常背着杨贵妃召幸后宫中的其他美女。杨贵妃吃醋了，与他大吵大闹。于是，唐玄宗一气之下，下令"撵回去"。杨贵妃就这样被撵回了娘家。贵妃一走，唐玄宗突然觉得心中空落落的，很快就后悔了。当天晚上，趁着夜色，唐玄宗就派禁军将贵妃从杨家接了回来。

经过一番折腾，二人的感情迅速升温。不仅如此，唐玄宗还将杨贵妃的三个姐姐接到长安，封她们为一品夫人，准许她们随意出入宫门。

到了天宝九年，杨贵妃又一次被遣送回了娘家，这一次又是为了什么呢？

据《旧唐书》卷五十一天宝九载，贵妃复忤旨，送归外第。时吉温与中贵人善，吉温入奏曰："妇人智识不远，有忤圣情，然贵妃久承恩顾，何惜宫中一席之地，使其就戮，安忍取辱于外哉！"上即令中使张韬光赐御馔，妃附张韬光泣奏曰："妾忤圣颜，罪当万死。衣服之外，皆圣恩所赐，无可遗留，然发肤是父母所有。"乃引刀剪发一缭附献。唐玄宗见之大惊，即遣力士召还。《资治通鉴》中只有六个字"杨贵妃复忤旨"。杨贵妃忤的是什么旨呢？《杨太真外传》记载：750年，天宝九载二月的一天，杨贵妃偷偷地吹唐玄宗大哥宁王李宪的紫玉笛，被唐玄宗看见了，以忤旨之罪又被送出宫外。贵妃出宫后，剪下一缕青丝，托中使张韬光带给唐玄宗，唐玄宗见之大骇，又令高力士把她召回。张祜《分王小管》诗云："金舆还幸无人见，偷把分王小管吹。"《中晚唐诗叩弹集》卷

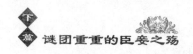

五就是咏此事的。

那杨贵妃犯的是什么错呢？我想，这次杨贵妃被撵可能是唐玄宗给杨家的一个下马威。因为杨贵妃太得宠，杨家也跟着显赫起来。随着地位的升高，杨家便开始无法无天了。杨家接受招待的规格已经超出了规定的界限，大肆收受贿赂，不仅如此，他们甚至还骑到了皇室的头上。《新唐书》中记载："出入宫掖，恩宠声焰震天下。每命妇入班，持盈公主等皆让不敢就位，建平、信成二公主以与妃家忤，至追内封物，驸马都尉独孤明失官。"皇上的亲妹妹在三位夫人面前只能让座而不敢就坐，唐玄宗的女儿信成公主因为和杨家人有矛盾，竟沦落到追回内府封赠东西，这是多么可怜，多么狼狈，如果再不处理，恐怕整个江山都成了杨家的了。唐玄宗生气了，于是，杨贵妃再一次被撵回了家。

杨贵妃这次被送回家，是唐玄宗使用杀鸡给猴看的策略，就是要灭灭杨氏家族的威风。这一招果真很灵，杨家人慌了神，可又不好出面求情，杨贵妃更是终日以泪洗面。因为，这一次唐玄宗并没有急着把贵妃接回去，而且送走之后就再没有了消息。唐玄宗虽然没有派人去接杨贵妃，但心中还是很想念的。这时，一个叫吉温的人来游说唐玄宗，正中唐玄宗下怀。唐玄宗立刻派人看望贵妃，还将自己的御膳分了一半给她。杨贵妃见皇帝派人来看她了，感动地泪流满面，马上伏地认错，还剪下了自己的一缕头发，献给玄宗。唐玄宗一看到杨贵妃的青丝，又坐不住了，派高力士将她接回了宫。

后来，杨贵妃知道李隆基没有她便寝食不安，于是更为骄纵，杨家

"出入禁门不问，京师长吏为之侧目"。陈鸿《长恨歌传》记载：居易歌曰：姊妹弟兄皆列土，可怜光彩生门户；遂令天下父母心，不重生男重生女。

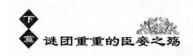

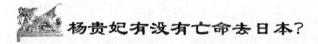

杨贵妃有没有亡命去日本？

杨贵妃是我国古代四大美人之一，但是，对于杨贵妃的死因，则说法不一，至今还是一个谜。

一种说法认为，杨贵妃是被缢死的。

唐天宝十五年（756年）六月，安禄山叛军直逼长安，唐玄宗李隆基仓皇奔蜀，途经马嵬驿，六军将士以咎在杨家，愤杀杨国忠，迫杨贵妃自缢，葬尸于坡前。这是历来正典史籍的普遍记载，如唐人李肇在其《国史补》中说："玄宗幸蜀，至马嵬驿，命高力士缢贵妃于佛堂前梨树下，马嵬店媪收得锦靿一只，相传过客每一借玩，必须百钱，前后获利极多，媪因至富。"文中说杨贵妃死于马嵬驿的一座佛堂梨树下，这一点确凿无疑，而且搬尸时，杨贵妃脚上的一只鞋子失落，一位老太婆拾到并借此大发其财。对于这一历史事件，《旧唐书》《新唐书》都说杨贵妃被缢死于马嵬驿，与李肇的上述记载大同小异。司马光的《资治通鉴》所引杨贵妃被缢的史料更为详细：当哗变的军士杀了杨国忠后，护驾的六军将士仍不肯继续前进，唐玄宗亲自下令，也无效。唐玄宗要高力士问军中主帅陈玄礼是什么缘故，陈玄礼回答说："国忠谋反，贵妃

不宜供奉，愿陛下割恩正法。""唐玄宗听后，最初不肯割爱，"倚仗倾首而立。久之，京兆司录韦却前言曰："今众怒难犯，安危在晷刻，愿陛下速决！"而唐玄宗却说："贵妃常居深宫，安知国忠反谋？"这时连高力士也一反常态，对玄宗说："贵妃诚无罪，然将士已杀国忠，而贵妃在陛下左右，岂敢自安！愿陛下审视之，将士安则陛下安矣"。唐玄宗经高力士劝说，"乃命力士引贵妃于佛堂，缢杀之"。这样才使六军将士"始整部伍为行计"（《唐记》第三十四卷）。

正典史籍几乎都是以上的记载，而稗史、传奇也有这样类似的记载。元和元年（806 年）冬，白居易写了脍炙人口的《长恨歌》，陈鸿写了《长恨歌传》。陈鸿是位史学家，在写杨贵妃缢于马嵬驿一节时他是这样记叙道：杨国忠处后，"左右之意未决。上问之，当时敢言者，请以贵妃塞天下怨。上知不免，而不忍见其死，仅袂掩面，使牵之而云，仓皇展转，竟就死于尺组之下"。

杨贵妃死于马嵬驿，日本一些著名的学者也持这一说法。如日本当代著名作家、汉学家井上靖先生，他在收集了大量史实的基础上，以细腻的笔调，写了长达 1 万多字的《杨贵妃传》，把这位传奇人物的悲欢离合，描写得畅酣淋漓。关于杨贵妃的死，井上靖先生不仅与中国历代学者观点相同，而且还写了杨贵妃本人临被赐死前的态度。

另一种说法则认为，杨贵妃没有死于马嵬驿，则当了女道士。这种说法，在当时就已经有了。如白居易《长恨歌》中记载："天旋地转回龙驭，到此踌躇不能去。马嵬坡下泥土中，不见玉颜空死处。"说的是平叛后唐玄宗由蜀返长安，途经杨贵妃缢死处，踌躇不前，舍不得离开，

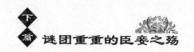

但在马嵬坡的泥土中已见不到她的尸骨。后来又差方士寻找，"上穷碧落下黄泉，两处茫茫皆不见"。白居易在这里暗示杨贵妃既未仙去，也未命归黄泉仍在人间。后来一些学者认为，根据白居易《长恨歌》所述，杨贵妃当是流落到了"玉妃太真院"（即女道士院），唐时女道士院实质与青楼无异，此时她已落花飘零了，这对唐玄宗说来真可谓"此恨绵绵无绝期"了。俞平伯先生从上世纪 20 年代末期在《小说月报》第 20 卷 2 号上发表的《〈长恨歌〉及〈长恨歌〉的传疑》一文起，直到新中国成立，一直坚持这一观点。

第三种说法则认为，杨贵妃亡命到了日本。1936 年，一位日本少女在电视台向观众展示了她的家谱等古代文献，言之凿凿地声称自己是杨贵妃的后裔，这引起了一阵轰动（此事在竹内好主编的日文杂志《中国》有记载）。日本有种说法，说死者是替身，杨贵妃本人则远逃日本山口县大津郡油谷町久津。据当地人的传说，认为被缢身亡的，乃是一名侍女。军中主帅陈玄礼怜杨贵妃貌美，不忍杀之，遂与高力士密谋，以侍女代死。高力士用车运来贵妃尸体，察验尸体的便是陈玄礼，因而这一以假代真的计谋得以成功。杨贵妃则由陈玄礼的亲信护送南逃，大约在今日上海附近扬帆出海。经过漂泊，来到日本油谷町久津。

日本历史学家邦光史郎在《日本史趣事集》中说：杨贵妃死后就葬在匀津的二尊院。至今当地还保存有相传为杨贵妃墓的一座五轮塔。在久津二尊院里还供奉着释迦牟尼和阿弥陀佛两座立像，传说是唐玄宗为了安慰杨贵妃而特意送到日本来的，现已被日本列为重点保护文物。

日本《中国传来的故事》（1984 年《文化译丛》第 5 期）一文中

则是这样记载的："唐玄宗平定安禄山之乱，回驾长安，因思念杨贵妃，命方士出海搜寻，至久津向贵妃面呈玄宗佛像两尊，贵妃则赠玉簪以为答礼，命方士带回献给玄宗。虽然互通了消息，但杨贵妃未能回归祖国，在日本终其天年。"

应该说，杨贵妃缢杀于马嵬驿，史料是比较翔实的，且已得到公认。但是，杨贵妃出逃当女道士和亡命日本的说法，也言之成理，证据充足，不能轻易地否定。

关于杨玉环是否去日本这个故事一直在流传，当时白居易的长诗《长恨歌》里就反映这个问题："马嵬坡下泥土中，不见玉颜空死出""忽问海上有仙山，山在虚无缥缈间"，这就反映杨玉环没有死在马嵬坡而是逃走了。去了什么地方？海上仙山，当然是幻想，但当时人们是知道海上仙山是指什么地方。你认为杨玉环不可能逃脱这恐怕有问题，杨玉环平时名声不错，待人宽厚是典型的汉族女子；高力士是玄宗皇帝的亲信，陈玄礼也是玄宗的亲信，不会不救杨玉环的，如果陈玄礼杀杨玉环的话，他怎么敢和玄宗一起到四川，那里是杨玉环前夫寿王李瑁的辖地，那些和马嵬事变有关的人，凡是落到李瑁手里的都给杀了，包括肃宗皇帝的儿子建宁王，可是独独没有杀陈玄礼。陈玄礼是给肃宗李亨找个借口给充军去了，李瑁为什么不杀陈玄礼？不是因为他是唐玄宗的亲信而是因为他救了杨玉环；其他马嵬事变有关的人被杀是李瑁为杨玉环报仇。

那么，杨玉环究竟是死于马嵬坡，还是出逃当女道士，仰或是亡命却了日本，至今仍是一个谜。

真真假假的罗曼史
——杨贵妃与安禄山恩爱情仇之谜

杨贵妃倾国倾城的美貌，让唐玄宗为她着迷，却也和安禄山有着不为人知的私情。相传著名的"安史之乱"便是因为杨贵妃而起。到底杨贵妃和安禄山有着怎样的情爱史？直到今天依然是个谜。

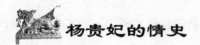 **杨贵妃的情史**

杨玉环善歌舞，通音律，弹得一手好琵琶，而唐玄宗李隆基也非常爱好音乐。《霓裳羽衣曲》是李隆基所作，关于此曲还有一段传闻，相

传是杨玉环所作。相传，过去唐玄宗宠爱的梅妃曾创作惊鸿舞，唐玄宗十分欣赏，直到移情于杨玉环后仍恋恋不忘。于是杨妃暗地里害怕梅妃重回到玄宗身边，将自己抛弃，便时时向上天祷告。终于，她的苦心感动了月亮中的嫦娥，便传给她这首曲子，盖过了梅妃的惊鸿舞。至于曲子是谁做的已不得而知，传说的故事大概是间接说明《霓裳羽衣曲》的美妙非人间所有。杨贵妃阅过此曲，立刻心领神会，依曲度腔，字字清楚，声声婉转，又依曲而舞，如回风流雪。李隆基看后，都不知自己是在天上还是人间了。

杨玉环善解人意，往往在李隆基心念一动的时候就能承迎他的心意，而且性格机敏，婉变千端，每每想出新鲜的点子，便使李隆基沉溺不可自拔。

李隆基对杨玉环越发喜爱，他们常去华清宫，洗浴温泉。温泉在骊山下，旁边的宫室环山建造，规模宏敞，气象万千，杨氏兄妹一并从幸。车马仆从，数里不绝，身上穿的锦绣及佩戴的珠玉，璀璨夺目。而且杨氏五家，每一家的衣服颜色都不一样，各为一色，共有五色。遗失在路旁的钗钿以及掉的鞋子，数都数不清，妇女脂粉的香气弥漫数十里。在华清宫摆开盛宴，到了酒酣面热，杨贵妃肌体丰硕，不知不觉香汗淋漓。宫中有华清池，是温泉汇聚的地方，每当杨贵妃沐浴后，便临风站着，露胸取凉，别人这时都自觉回避，只有李隆基每日司空见惯。

杨玉环爱吃鲜荔枝，李隆基为讨贵妃的欢心，不惜千里专程派人去岭南一带飞驿传送荔枝。沿途以快骑传递，每到达一个驿站就换上新的马匹，许多快骑常常为了赶路而累死。杜牧有一首诗是这样描述的：

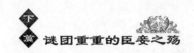

"长安回望绣成堆，山顶千门次第开；一骑红尘妃子笑，无人知是荔枝来。"

以前，每至春天时，李隆基黄昏在宫中举行欢宴时，总会让诸嫔妃鬓上插花。李隆基亲自放出蝴蝶，蝴蝶停在哪个妃子发上，李隆基就在夜里宠幸哪个妃子。如今因为杨玉环得宠，再也没有这种游戏了。

李隆基的英明睿智渐渐消磨。在他在位的后期，任用奸相李林甫、杨国忠，终于酿成天宝年间的安史之乱。

安禄山是营州柳城地方的胡人，兼任平卢、范阳、河东三镇节度使。原来与杨国忠相互勾结，后因为屡立奇功受皇帝赏识，被杨国忠嫉妒。杨国忠常对安禄山加以诋毁，但杨玉环想到自己与李隆基年龄悬殊，万一李隆基死去，太子早对杨家不满，那时有实力的安禄山就是一个依靠，因此杨玉环极力保持与安禄山的关系。安禄山也极尽所能讨好杨玉环，拜杨玉环为母。安禄山时时进宫朝见杨玉环，杨玉环赐安禄山在华清池洗浴，浴罢令安禄山装作婴孩儿模样，卧在摇篮中。数十个宫女推着摇篮来到杨玉环跟前，安禄山口中唤着妈妈，在嬉闹中慢慢产生了私情。

杨贵妃给安禄山洗澡的真相

"贵妃与禄山作三日洗儿,洗了又绷禄山,是以欢笑。玄宗就观之,大悦,因加赏赐贵妃洗儿金银钱物,极乐而罢。自是,宫中皆呼禄山为禄儿,不禁其出入。"有人据此推测杨贵妃与安禄山关系不一般,说是"三日洗儿",分明是找借口给安禄山洗澡调情。

给孩子办满月、过一百天的风俗至今盛行,有的地方讲究给新生儿过"十二天"。"三日洗儿"本为旧俗,唐时便盛行于宫中。婴儿出生三天,要郑重地为小儿举行出生后的首次仪礼,因为仪式一定要包括给婴儿洗浴,故叫"洗三"或"洗儿会"。这是大喜事,要对下人有所赏赐,所赐金钱就称为"洗儿钱"。王建的《宫词》之七十一写道:"日高殿里有香烟,万岁声长动九天。妃子院中初降诞,内人争乞洗儿钱。"这是写后宫诞育的情景,妃子生了小孩,大家齐声高呼"万岁",宫女们争着讨"洗儿钱"。

有关于杨贵妃给安禄山办"洗儿"典礼的事。元稹的《连昌宫词》写道:"禄山宫里养作儿,虢国门前闹如市。"

安禄山被杨贵妃认作养儿,宫中既有"洗儿"习俗,那么在其生日

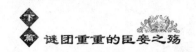

之后三天为其办洗儿典礼则自然顺理成章。

无论是《开元天宝遗事》《杨太真外传》《禄山事迹》等野史稗记，还是《唐史演义》《梧桐雨》等小说杂剧，我们都能看到对"杨安恋"的大肆渲染，有的说得活灵活现，着实让人难辨真假。其中有"贵妃三日洗禄儿"的趣闻，说杨玉环为干儿子安禄山举行"洗三"仪式。"洗三"是古代的一个习俗，在婴儿出生后的第三日，便举行沐浴仪式，召集亲友为婴儿祝吉，也称"三朝洗儿"，意在"洗污免难、祈祥图吉"。杨玉环在禁宫中为比她大二十几岁的安禄山洗澡，听来似乎的确让人感觉啼笑皆非。

元代白朴的杂剧《梧桐雨》里写到，安禄山进入宫廷后，因与杨贵妃有暧昧关系，被杨国忠察觉而奏明玄宗，安禄山被逐出宫外，改封渔阳节度使，去镇守边关。安禄山离开后，杨贵妃日夜思念，心生烦恼。安禄山起兵的一个重要原因是"单要抢贵妃一个，非专为锦绣江山"。《唐史演义》中描写说："禄山与贵妃鬼混一年有余，甚至将贵妃胸乳抓伤。贵妃因恐玄宗瞧破，遂作出一个诃子来，笼罩胸前。"这"诃子"是唐代贵妇中流行的一种无带内衣，也相传是杨玉环为掩饰所伤之乳而发明的。

北宋司马光《资治通鉴》中也记载有"贵妃洗禄儿"事，说杨玉环用锦绣做成的大襁褓裹住安禄山，让宫女用彩轿抬起，唐玄宗还亲自去观看"洗儿"并予赏赐。

那么杨贵妃与安禄山的秽闻是纯属坊间传闻，还是真有其事呢？私情之说当属传闻，从诸方面都难圆其说。

首先是正史上毫无记载，就连暗示也没留下一点。关于杨贵妃的"秽事"，以司马光《资治通鉴》所载的"洗儿"之事影响最大、流传最广："禄山生日，上及贵妃购衣服……召禄山入禁中，贵妃以锦绣为大襁褓，裹禄山……上自往观之喜，赐贵妃洗儿金银钱，复厚赐禄山……自是，禄山出入宫掖不禁，或与贵妃对食，或通宵不出，颇有丑声闻于外。"司马温公学识渊博，治"史"严谨，可为了给帝王编一本好的教材很有可能弃正史不顾，把污水往杨玉环身上泼。而清代的《历代御批通鉴辑鉴》里曾明确地指出："通鉴（事）考此皆出《禄山事迹》及《天宝遗事》诸稗史，恐非实录，今不取。"清代著名学者袁枚更直接地为贵妃鸣不平："杨妃洗儿事，新旧《唐书》皆不载，而温公通鉴乃采《天宝遗事》以入之。岂不知此种小说，乃村巷俚言，乃据以污唐家宫闱耶？"真实的情况或源于《旧唐书》中的记载："（杨妃）有姐三人，皆有才貌……并承恩泽，出入宫掖。"安禄山事迹也有所据，李肇《唐国史补》云："安禄山恩宠寝深，上前应对，杂以谐谑，而贵妃常在座。诏令杨氏三夫人约为兄弟，由是禄山心动。及闻马嵬之死，数日叹惋……"这里需要解释的是唐玄宗为何要"诏令杨氏三夫人约为兄弟"，这是因为唐时"胡风"盛行，也是上古姊妹共夫风俗的遗存。杨氏三夫人全都结过婚，又不是皇帝的妻妾妃嫔，怎能随便"承幸"？那么三夫人只有按"突厥风俗"，以贵妃姐妹的名义"约为兄弟"，这样才可"并承恩泽"。

然而，这种社会风气只是对皇权或者男性的纵容，对于女性并非如此，贵为皇帝的宠妃，更不可能也绝不允许随意出入宫掖。安禄山"心

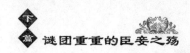

动"，只是羡慕唐天子的艳福罢了。而后来安禄山拜小他十六岁的杨贵妃

为干娘，只是讨好唐玄宗的手段罢了。

不管怎么说，杨贵妃给安禄山的"洗儿"礼简直成了一场闹剧。

倾倒世间男子的杨贵妃

杨贵妃深受李隆基宠爱，虽未被封为皇后，但实际地位已相当于皇后了。她在享受着皇帝宠爱的同时，也宠爱过两个男人，或者说，也试图对两个男人表达宠爱。这两个男人都是李隆基介绍给杨贵妃的，他可能觉得这俩人都很有意思，一文一武，一定也都能博取妃子的千金一笑。

其中一个是胡人安禄山，时任平卢节度使兼范阳节度使。安禄山身高体胖，却擅长跳少数民族舞，让会跳霓裳羽衣曲的杨贵妃看了都由衷惊叹。这个大胖子不仅心细，而且嘴甜：在筵席上敬酒时把唐玄宗叫作父皇，把杨贵妃称为母后，并说这样称呼源于自己家乡的风俗。想当皇后想疯了的杨贵妃，听了，心里比吃了荔枝还甜，乘着酒兴就答应了安禄山的请求：认他为干儿子。总之，在华清池特意举行了一次认亲仪式。安禄山脱去朝服，去温泉里泡了个澡，沐浴完皇恩浩荡，赤条条钻出来，周身裹上大毛巾，如同襁褓里的新生婴儿，被众人抬到杨贵妃面前，杨贵妃也象征性地拥抱他一下，以示接收完毕。

以杨贵妃倾国倾城的美貌，任何男人见了都不可能心如止水，安禄山垂涎三尺也很正常，只不知他是否有横刀夺爱的胆？他后来确实造反

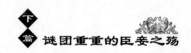

了，但不完全跟杨贵妃有关，也不能说完全无关。安禄山内心的皇帝梦，恐怕是他见到杨贵妃的那一瞬间就点燃了。正如项羽目睹秦始皇过江的八面威风而起了"彼可取而代也"的野心，安禄山谋反，也是想对老皇帝唐玄宗取而代之，抢夺他的国土，接收他的财富，包括美人。

杨贵妃欣赏过的另一个男人，是诗仙李白。有人说李白也是胡人，或至少是有胡人血统的。他的祖辈或父辈因犯了案子，从陇西（甘肃一带）被流放到西域。作为犯人的孩子，李白出生在碎叶城（今吉尔吉斯斯坦的托克马克附近）。5岁以后随父亲迁居蜀川，在绵州昌隆（江油）度过青少年时代，凭着写一手好诗以及过人的酒量，就去四处闯江湖了。他30岁初入长安，托李隆基的妹妹玉真公主推荐自己，可惜被婉拒。42岁时还不甘心，想再去首都试一试。这回运气好点，李隆基答应见这个名气越来越大的诗人，并且让杨贵妃在一旁作陪。

李隆基召见李白，不完全为了公务，而是出于私心。他想借此讨杨贵妃的欢心。宫廷里御用文人虽多，但没有谁能让杨贵妃满意的。

李白以为李隆基惜才而召见自己的，其实李隆基并不爱李白，他是因为爱杨贵妃，才让李白走进了大明宫。

李白第一次见李隆基，使出浑身的本领，当场口赞一首歌功颂德的诗，令众人惊叹其为天才。李隆基为答谢诗人不吝才情的表现，当即赐予一杯羹。

某日，御苑的牡丹开了。李隆基拉杨贵妃一块去兴庆宫沉香亭赏花。宫廷乐队助兴时翻来覆去弹的还是那几首老歌。一直想当作曲家的李隆基想谱几首新曲，却找不到好词，杨贵妃不失时机地提醒他：干嘛不把

那位你刚任命为翰林院供奉的李白叫过来，让他给牡丹写诗，咱们也听一听。

李隆基立即叫人去通知李白，来兴庆宫有好酒好菜招待。

原来李白已在长安街上的酒楼里喝醉了，倒在桌子底下睡着了。找人的人，赶紧用凉水泼他的脸，把他激醒了。又把他扶到兴庆宫。

牡丹，李白在别处也能见到，可见杨贵妃却不容易的。第一次见到杨贵妃时，牡丹还没开呢，就觉得雍容华贵的杨贵妃只能以国色天香的牡丹来比拟。现在是第二次见面，牡丹开了，在牡丹面前杨贵妃不仅毫不逊色，反而更美了，比初见时更美。看花时李白的眼没花。看杨贵妃时，李白的眼却花了。

看到大美人，李白又有灵感了。想来这回来长安不仅有美酒，还可以尽管看美女。就这么想着，李白一会儿假模假样地看看花，一会儿又眼睛都顾不上眨地看着杨贵妃。他看花时一点都没记住花的模样，看杨贵妃时那印象却刻骨铭心。

天子被迫受制于家奴
——唐文宗李昂时的"甘露之变"之谜

"甘露事变"之后，由于宦官取得了决定性的胜利，从此宦官气焰更加嚣张，皇帝不再信任外朝士大夫，朝官和宦官之间日益对立，唐王朝走向了崩溃的边缘。

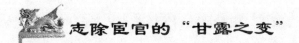 志除宦官的"甘露之变"

唐文宗李昂即位后，深恶宦官专权乱政，乃以李训为宰相，以郑注为凤翔节度使，谋内外结合而除去宦官。太和九年，李训和舒元舆等人以左金吾仗院内石榴树上夜降甘露为名，试图将宦官一网打尽。

李昂是由宦官从十六王宅中迎出而立为皇帝的，他的祖父宪宗、哥哥敬宗都是被宦官杀害，其父穆宗也是宦官拥立的。为了"刷君父之仇耻"，他决心剪除骄横的宦官。宦官最初是以一种特殊的奴隶身份出现的，但唐文宗时期的宦官却握有军权，控制禁军，指挥朝政，实力非同小可。而唐文宗本身是由藩王登上皇位的，既没有东宫之侍者，也很少有心腹重臣。当时的朝官中党争激烈，对去宦毫无兴趣，李昂只有在资历不深的朝官中寻找可靠之人。最先被文宗看中的是孤寒而进的翰林学士宋申锡，于是李昂与宋申锡密谋去除大宦官王守澄，却不料密谋泄露。王守澄等人反诬告宋申锡谋反，宋申锡被贬，死于开州。

第一次除宦虽然失败，但李昂并没有因此灰心，相反，他吸取教训，又开始物色新的人选。

郑注为维州翼城人，家世微贱，机智善辩，医术高明。行医到徐州，由牙将推荐给节度使李愬。李愬服用郑注的药很有效验，就任用为牙推，后把他推荐给监军宦官王守澄。王守澄为枢密使，就带郑注入京。大和七年，李昂患了风疾不能言语，王守澄便推荐已为昭义行军司马的郑注进京为李昂治病，很有效果，由是郑注得宠，被召入长安。李训身为世家子弟，是李逢吉的侄子，精通经学，中过进士。曾因事流放，后来居住洛阳，认识了郑注。郑注将李训介绍给王守澄，王遂将其推荐给了文宗。由于李训"倜傥尚气，颇工文辞，有口辩，多权数"，李昂"以为奇士，待遇日隆"，任为四门助教。

李训能言善辩，仪表秀伟，为李昂侍讲时，谈及宦官事往往言词很激愤。李昂觉得他可以倚重，就向郑、李吐露心事，李训和郑注遂以清除宦官为己任。两人受李昂重用后，利用牛、李两党的矛盾，将阻碍他们仕途发展的党人全部逐出朝廷。大和八年（834年），李德裕被贬。大和九年，李宗闵被贬。两党的党魁均遭贬逐，其党人也多受牵连。一时间，牛、李两党几乎被逐一空，为李训、郑注的晋升扫平了道路。在职高位重、力量壮大的同时，李、郑二人又充分利用宦官之间的矛盾，把与王守澄不和的左神策军中尉韦元素、枢密使杨承和、王践言三个大宦官迁到地方上去为监军。当时人们传说宦官陈弘志是害死唐宪宗的元凶。李训就为李昂设计，把陈弘志从山南东道监军任上召回，行至青泥驿杖死。不久李昂以郑注为凤翔节度使，以舒元舆为知制诰，李训为礼部侍郎，并都同平章事。然后又利用与王守澄有矛盾的宦官仇士良，把王守澄除去，改任为左右神策军观军容使，兼十二卫统军，实际上夺去了实权。不久，派宫中使者李好古到王守澄府第中赐毒酒，逼令自杀。至此，去宦行动已取得了一定的胜利。

在此后如何剪除所有宦官的问题上，李训与郑注发生了分歧。郑注本打算利用王守澄出葬浐水、宦官集体送殡的机会，一举歼灭所有宦官，这便是史上所称的"浐水计划"。而李训则密谋"甘露之变"，而且赶在"浐水计划"之前实行了。

"甘露之变"发生在唐文宗大和九年十一月二十一日。据有关史料载，当日早朝之时，百官群集。左金吾卫大将军韩约奏称金吾左仗院中有甘露夜降石榴树，请皇帝亲往观看。树木之上凝有甘露，本来是极其平常的事。如果是在夏秋之季，确实不是什么稀奇的事。但当时是十一月下旬，地处北方的长安已经十分寒冷了，不太可能有甘露。如果偶尔

真有甘露降临，就会被看作是大吉大利的兆头。因此，当韩约称甘露降于皇宫之内，百官立即向唐文宗拜贺，李训、舒元舆请唐文宗亲观此祥瑞。金吾左仗院在含元殿左前，唐文宗与百官到了含元殿内，命宰相李训及中书、门下两省官前往核实。李训去金吾左仗院察看后，报告唐文宗说："恐怕不是真的甘露，不敢轻言。"唐文宗又命左右神策军中尉仇士良、鱼志弘等宦官再去验看。这时，金吾院中早已设下伏兵，其实是引诱诸宦官到金吾院内，围而杀之。宦官走后，李训急召守在丹凤门外的兵士进宫以备接应，但将军王璠却因害怕而不敢前行。他手下的士兵虽然到了含元殿下，但却吓得不能正常行走到含元殿。而另一支由郭行余统领的接应部队更是连影子也不见。一时间，含元殿下乱成一团。

再看仇士良等诸宦官，由韩约陪同前往金吾院。韩约因紧张过度而面色发白，汗流不止。仇士良正觉奇怪，恰巧一阵风吹过，吹动布幕，露出伏兵。仇士良大惊，率诸宦官连忙退出金吾院，奔回含元殿。守门人想要把殿门关上，被仇士良一声厉喝，吃了一惊，竟来不及把殿门关上。李训急呼卫士上殿保驾，已经来不及了。宦官对唐文宗说："事急矣，请陛下还宫！"即把唐文宗扶上软舆，准备回宫。李训上前阻止，仇士良大呼李训造反！唐文宗却说李训不是造反。仇士良将李训击倒，李训还是抓住软舆不放。这时，金吾卫士已到，京兆少尹罗立言率京兆府三百多人从东面来，御史台中丞李孝本率御史台从人两百多人从西面来，三方纵击，宦官死伤十多人。此时，御驾将入宣政门，李训仍抓住软舆阻止宦官把唐文宗抬进宫，但唐文宗见大势已去，便呵斥李训放手。御驾进了宣政门，宦官把宫门关上，高呼万岁。百官见唐文宗落入宦官手

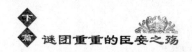

中，均知大事不妙，四散而去。李训知道大势已去，就穿上随从小吏的绿色衣服，骑马逃出长安。

不久，宦官调集禁军大杀朝官，李训、郑注、王涯、舒元舆、王璠、郭行余等17人被杀，其族人也无一幸免，朝中几乎为之一空。唐文宗也差点被废，此后就完全成了宦官手中的傀儡，最后忧郁而死，这便是唐代历史上有名的"甘露之变"。

"甘露之变"以宦官的胜利而结束，此后，宦官气焰更为嚣张。"自是天下事皆决于北司，宰相行文书而已。宦官气益盛，迫胁天子，下视宰相，陵暴朝士如草芥。"唐王朝一天一天地衰弱下去。

关于"甘露之变"，仍有一些问题不很清楚。

有人认为"甘露之变"是李训纠集少数私党组织的武力夺权事件，目的在于一网打尽宦官，取得挟持皇帝的权力，实现个人专权，独揽朝政的野心。持这种观点者认为在搞掉王守澄等老资历的宦官之后，唐文宗的目的已经达到，而李训、郑注是欲进一步扩大自己的权力，企图控制朝政，才背着唐文宗谋划尽诛宦官。

这样的说法，与我们平时在历史书上看到的评价就完全不一样了，所以有很多人不同意这种观点，认为李训等人与文宗志除宦官的思想是一致的。唐文宗参与了"甘露之变"的谋划并在事变中配合了李训等人的行动，"甘露之变"是一场在唐文宗首肯下的反宦官斗争。更有人认为，这是唐文宗为了剪除宦官而由其一手策划的一场宫廷政变。事变之前，唐文宗考虑周密，而策划者李训、郑注计划详尽。当时唐文宗深深忧虑于宦官之祸，欲谋诛宦官，但却不敢与外朝宰相谋议。宰相作为中

央政权的重要组成部分本来应该是皇帝依靠的积极力量，但唐文宗时期的宰相大都不同程度地依附宦官，他们无意反抗宦官也无胆诛除宦官，其主体已失去了与宦官相抗衡的斗志和锋芒。唐文宗已清楚地看到了一个事实，那就是他不可能与宰相们共商大计。作为一个还可算是有主见的皇帝，李训、郑注作为"孤寒新进之士"的代表人物被唐文宗视为合适的人选加入了这场反宦官的斗争中。

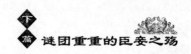
"甘露之变"后的晚唐政治

唐文宗李昂即位之初，"励精求治，去奢从俭"，颇有振作之风。他诏令放出多余宫女，纵出五坊蓄养的鹰犬玩物，裁减冗官，一反唐敬宗贪玩不视朝的恶习，很有英主之风。

但是，唐文宗治下的唐朝，实际是一团乱麻。外面环伺的藩镇不讲，京城之内，就有两大祸结：一为乱政的宦官，二为内哄的党争。

从唐玄宗始，宦官阶位骤显，人数膨胀。尤其是从高力士开始，皇帝赖之而安寝，宰相因之而得位，"肃宗在春宫（太子宫），呼为二兄。诸王公主，皆呼阿翁，驸马辈呼为爷。"而且，勇力强悍的巨宦杨思勖竟也多次率兵出征，广立功勋，封为虢国公，进位骠骑大将军。由此，唐朝的太监掌军已显端倪，但当时他们并未真正在中央政府有把握兵权的迹象。安史之乱以后，唐玄宗逃窜蜀地，唐肃宗得以在灵武继位，宦官李辅国有"襄赞"大功，地位贵显，手中掌管唐廷一切兵符与军号，统驭禁卫军，唐代宗继位后，竟称这个公公为"尚父"。日后，于唐代宗有拥立之功的程元程逐渐取代李辅国位置，基本在内廷是个"九千五百岁"——御林军全是他的部属。而后，大太监鱼朝

恩更是权倾一时，竟有"处置"京城以外重大军事活动的全权，虽然名号是"观军容宣慰处置使"，实际上是奉天钦差，兵马大元帅，对于郭子仪、来瑱这样的重将，想废就废，想杀就杀。特别是唐德宗遭遇泾原军兵变后，曾为节度使的朱泚称帝，皇帝再也不敢信任大臣重将，把中央直系军队神策军和禁卫军完全交由宦官指挥，并且不断予以"制度化"，一直延续到唐亡。

宦官之害，简直磬竹难书。他们不仅掌握京城皇官的禁卫军军权，宦官们还被派至各处节度使那里以充"监军使"，各地节度使在名义上都处于这些"政委"的控制下。当然，在那些真正拥众割地一方的藩镇，太监监军只是充样子，他们本人也很老实，和当地节度使保持友好关系。他们深知，这些土皇帝连皇帝都不买账，自己太骄横说不定就要吃刀子。但在直接受唐廷管辖的方镇或诸道军中，宦官可就厉害了。如果主将打胜仗，监军使们往往驰送捷报，揽军功为己有；如果出战失利，监军们又会立即打小报告，历数主将的"罪恶过失"。所以，宦官在军中是有百害无一利。唐宪宗时两次大捷，高崇文擒刘辟以及李愬擒吴元济，恰恰是没让太监监军，才最终能取得重大胜利。

唐朝时，还特别"创造性"地委任宦官为枢密使和宣徽使，这样，太监不仅内外有兵权，又在中央政府中掌有草诏宣制的权力，北司（宦官衙署）成为与宰相（又称南司、南衙）争权的重大政治力量。至此，兵政大权被宦官牢牢掌握，他们不仅能"口含王宪"吓唬人，而且完全能诏由己出，甚至对于皇帝也是随心所欲，唐宪宗、唐敬宗、唐文宗最终皆死于太监之手。唐肃宗之后，唐朝几乎所有皇帝的继位均由太监拥

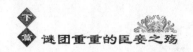

立（只有哀帝是唯一的例外，不过没多久唐朝也亡了）。出乎先前唐帝"设计"意料之外，宦官虽自己不能当皇帝，但可以废杀皇帝，做王朝真正的主人。而且，他们往往变态、残暴、贪财，不仅在京城强买强卖，恣意取索，在外面也广占良田、巧取豪夺。

大儒王夫之对唐朝宦官之弊有着极其深刻的认识："宦者监军政于外而封疆危，宦者统禁兵于内而天子危……胁君自恣，乃至弒刃横加，岂能无畏于四方之问罪乎？其（宦官）无所惮而血溅宫廷居功定策者，实恃有在外监军之使，深结将师而制其荣辱生死之命。"究其本源，则在于"唐之立国，家法不修，淫声曼色，自太宗以来，漫焉进御而无防闲之教，故其祸为尤酷矣"！

唐朝中晚期，不仅宦官作威作福，而且朝内大臣也不让人省心，各个拉帮结派，严重违背圣人"君子群而不党"的训言，党争日趋白热化。

说起"牛李党争"，不仅仅是李德裕、牛僧孺两人之间的"意气"之争，最早可追溯到808年（宪宗元和三年）的一次制举策试。当时，举人牛僧孺、李宗闵等人的卷子直言时弊，文笔清新，唐宪宗览翻试卷，大喜过望，马上指示中书省准备委任这些人做官。不料，时任宰相的李吉甫（李德裕之父）作梗，认为这些冒进的年轻人背后主谋是自己官场对手裴垍、王涯等人，并到唐宪宗面前泣陈朝臣徇私、考试舞弊。

毕竟当朝宰相言语分量重，牛僧孺、李宗闵等人不仅被黜落下第，还因李吉甫一言而多年蹭蹬，委屈多年。从自开始，一至到唐宣宗，其

间经历六代皇帝，牛李党争父一代子一代，斗得你死我活，谁也不让谁。

李德裕一党可作为门阀士族的代表方，牛僧孺一派可作为以进士为骨干的寒族地主的代表方。两党之间，君子小人相杂，但从总体上讲，李党君子多，牛党小人众，而且李德裕本人力主削夺藩镇、抵击吐蕃，功名赫赫。牛僧孺则因循守旧，粉饰太平，因私废公。

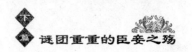

李德裕的"会昌之政"

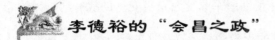

唐文宗被宦官们下药后，还未咽下最后一口气，众位公公在仇士良、鱼弘志等人率领下，带兵入十六院，抢"拥立"之功，把唐文宗五弟颖王李瀍立为皇太弟。

唐文宗皇帝原来的本意，当然是立自己的侄子李成美为太子。太监刘弘逸等人与穆宗的妃子杨贤妃关系不错，也想拥立杨太妃的儿子安王李溶。

深宫内殿，拼比的就是太监的实力，仇士良、鱼弘志二人手中有禁卫兵，又能抢先一步，矫唐文宗遗诏，颖王李瀍便成了皇帝。

李瀍继位时，回鹘刚刚为黠戛斯（今吉尔吉斯族）打败，除逃奔安西、吐蕃外，有不少余众逃向唐朝边境的天德军附近，侵逼受降城（当时名西城），"请求"内附。诸部回鹘喘定，立王子乌希特勒为可汗，即乌介可汗。

回鹘，就是回纥，唐宪宗元和四年时上表遣使改其国号为"回鹘"，意取如飞鹘一般"回旋轻捷"。

开元年间，回纥渐强，一度还攻杀唐朝凉州都督。唐玄宗李隆基命

郭知运等大将征讨，回纥退保乌德健山。天宝初年，其酋长叶护颉利吐发遣使入朝，被封为奉义王，不久，唐朝又封其为怀仁可汗。

安史乱后，回纥开始扮演重要角色。李亨在灵武称帝，回纥遣太子叶护带四千精骑入援，并帮助唐军收复西京长安。助战有功，回纥想入城抢劫，被当时为广平王的李豫劝止。"及收东京（洛阳），回纥遂入府库掠财帛，于市井村坊剽掠三日而止。（所掠）财物不可胜记。"

乾元元年，唐肃宗以亲生女儿宁国公主下嫁毗伽可汗。临行，父女对泣，公主说："国家事重，死且无恨！"

唐朝宗室汉中王李瑀送亲至回纥，毗伽可汗胡帽穿赭黄袍于帐中倨坐，盛陈仪卫，先让李瑀立于帐外。然后，他问："王爷您是天可汗（皇帝）的什么亲戚？"李瑀答："天子堂弟。"可汗又问："站在您上位的是什么人？"李瑀答："中使雷卢俊。"

可汗不爽，说："中使是奴仆阉人，怎能站在王爷上位。"

太监一听，吓得差点尿裤，"跳身向下立定。"

正式见礼时，李瑀"不拜而立"。

毗伽可汗不悦："我也是一方国主，你为何不拜礼我？"李瑀不卑不亢："大唐天子以可汗有功于国，嫁亲生女儿给可汗您。从前中国与外蕃和亲，名为公主，实为宗室女。宁国公主，天子亲女，才貌双全，运行万里来下嫁。依礼可汗您是唐天子女婿，怎能高坐卧榻上受诏命呢？"

毗伽可汗终于立身而起，恭受诏命。

不幸的是，转年四月，毗伽可汗就病死，当时他的长子叶护已经因事被杀，次子得立，为登里可汗。登里可汗及一班回纥贵族想让宁国公

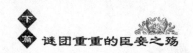

主殉葬，公主不从，说："依我们中国礼法，夫君死，持丧三年。回纥娶天朝子女，须依中国法。如依回纥礼法，我何必迢迢万里来结婚！"登里可汗不敢违迫，但宁国公主也依回纥礼，"嫠面大哭"，并在丧后黯然归国。

唐宪宗时，为抵御吐蕃，唐朝又遣太和公主出降回纥和亲。公主万里迢迢，进入毡帐换上胡服，拜见回纥可汗，"可汗坐而视"，全无从前拜礼的规矩。唐朝送行使者回国前，公主送宴，"留连嚎啼者竟曰"，玉貌朱颜，凋零黄沙。

等到唐文宗时代，回纥内哄，被黠戛斯打得大败星散。此时，太和公主仍活着，被黠戛斯俘获。黠戛斯自称是汉朝李陵之后，特别是他们当中有"黑瞳"的，肯定是李将军苗裔，由于自认与李唐皇族同姓，黠戛斯派使臣保护太和公主还唐朝，中途被回纥的乌介可汗所劫，尽杀使臣，以太和公主作为人质，向唐廷索要天德城为根据地。

唐武宗初即位，即遇如此棘手问题。天德军监军田牟想立功，上奏要求引连沙陀等部击逐回纥。

李德裕很审慎，作为泱泱大朝宰相，他建议："回纥有功于唐，穷无所归，可赐其粮食，观其所为。"最主要的，是因为当时唐朝天德守军才一千多人，李德裕怕击寇不利反被劫夺。于是，唐朝先赐予回纥二万斛谷粮。

乌介可汗虽是败亡之余得立的可汗，阴险凶狠，并吞诸部，很快又拥有十余万众。

会昌二年，又有回纥部落进袭幽州时被卢龙节度使张仲武击败，未

死的三万多人向幽山的唐朝守将归降，其首领数位被赐以国姓，有李思忠、李思贞、李思恩等人。

乌介可汗在天德军、振武军之间往来剽掠，抢夺汉人、羌人的财物。唐廷多次诏喻，让回纥军众退还漠南。乌介可汗不仅不听，反而率军突入大同川，驱掠数万牛马，一路烧杀抢掠，直逼云州城门（古平城）。于是，忍无可忍之下，唐廷下诏发陈州等五州兵屯备太原，并命振武、天德两军待转年春天到时合军驱逐回纥。

由于唐庭指挥有方，刘沔、张仲武、李思忠等人各显其能。这些将领又严命奚族和契丹各族斩杀先前回纥强盛时派驻的监使，这才削弱回纥的外援和供给。

会昌三年（843 年）春，回纥乌介可汗率兵侵逼振武军，刘沔遣丰州刺史石雄与沙陀、党项兵合军，准备先发制人出击回纥。

石雄至振武城，远望乌介可汗大兵还未齐结，又见有毡车数乘，出入其间的皆衣朱碧，很像唐人服色，派出间谍侦探，才知是太和公主营帐。于是，石雄派人密报公主："现将迎公主归国，突战之时，请驻车勿动。"当夜，石雄率兵从城下凿洞潜出，直击乌介可汗主帐。大惊之下，乌介跳上马就跑，尽弃辎重，余众也趁乱哄逃，石雄派人连夜追击，在杀胡山（黑山）大败回纥残兵，乌介可汗只与数百骑逃走。辗转辛苦多年，太和公主这位皇姑终于得返长安。

会昌三年夏天，昭义节度使刘从谏病死，临终，他以弟弟刘从素之子刘稹为己子，嘱其妻裴氏要保全藩镇。刘从谏一直因"甘露之变"上表索杀仇士良等人，与唐廷不睦，怕自己死后朝廷秋后算账。因此，刘

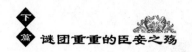

从谏死后，刘稹自称留后。

消息传来，皇帝李炎令群臣廷议，多数人认为回纥余敌未灭，再兴兵讨伐泽潞，军力耗费不起，应该下诏让刘稹代理节度使。

李德裕力排众议，认为："泽潞藩镇与河朔藩镇不同，地处心腹要地，一直为朝廷平乱灭害，敬宗时没有远见，允许刘悟死后让其子刘从谏承袭。假如刘稹又能父死子袭造成既成事实，四方藩镇有样学样，天子威令肯定无人禀遵！"

皇帝李炎沉吟，问李德裕是否有把握平灭刘稹。

李德裕知道武宗忧虑主因在于河朔藩镇对刘稹的声援，便开导说："现在应派遣重臣去镇冀王元逵和魏博何弘敬两处藩镇晓以利害，告诉他们河朔藩镇的父死子袭已成定例，但对泽潞藩镇朝廷绝不会放任。同时，诏命两镇出兵，事成之后，不仅有重赏，还能彰显尊荣朝廷的忠心。"于是，李德裕代皇帝草诏，词语直率、恳切，"王（元逵）、（何）弘敬得诏，悚息听命。"

同时，唐廷宣布削夺刘从谏、刘稹的官爵，并以王元逵为泽潞北面招讨使，何弘敬为南面招讨使，与河东节度使刘沔、忠武节度使王茂元一起攻讨刘稹，并严令诸道不许接受刘稹投降。同时，李炎又遣宗室、御史中丞李回宣慰河北三镇，何弘敬、王元逵、张仲武三人皆戎服郊迎，站立于道左恭侯，"不敢令人控马，让制使先行"。李回也挺能干，"明辩有胆气，三镇无不奉诏"。

不久，见何弘敬出兵迟缓，李德裕就劝皇帝诏命忠武军王茂元向魏博方向移动。见朝廷军队向自己地盘渗透，何弘敬大惊，怕引起内部军

变，仓惶出师，进逼刘稹，并上表讨好朝廷说自己已经渡过漳水，直杀磁州。很快，魏博军攻拔肥乡和平恩两县，与刘稹真正撕破脸皮。

为了使战事更加顺利，朝廷又在关键时刻撤换文官出身不大懂打仗又有病在身的王茂元，以王宰代领其职。

其间，曾大败官军的刘稹军将薛茂卿因不获升迁产生怨恨，暗中投降王宰，并约唐军里应外合进攻泽州。王宰不敢相信对方是真投降，错失一次绝好机会。刘稹知道消息后，把王茂卿骗至潞州，整族杀个干净。

因亏欠军饷，属于河东军镇的太原发生兵变，唐廷陷入两难境地。

犹豫之际，又是李德裕为皇帝分析形势，指出太原叛兵人数少，兵变不久就会平定；刘稹本来要支持不住，万不可给机会让他绝处逢生，自损朝廷威信。果然，河东军镇戍守榆社的将士听闻朝廷要命令其他藩镇的军队去太平讨灭叛军，很怕这些"客军"趁机会屠杀自己在太原城内的亲属，便自告奋勇，拥监军吕义忠返军回城，攻入太原，尽杀叛乱的兵卒。不用朝廷出兵出饷，太原兵变就如此轻易得以解决。

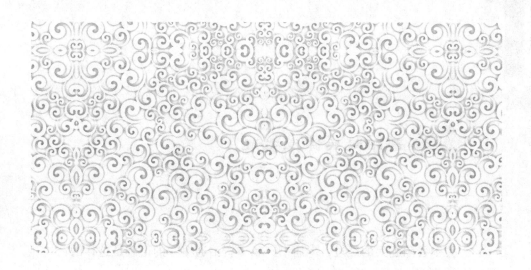

附　录

晋阳起兵谋反之谜

关于晋阳起兵的经过，《唐书》和《资治通鉴》的记载是这样的：

李世民跟随李渊来到太原后，迅速结交了一批江湖义士。《旧唐书·太宗本纪》称其"潜图义举，每折节下士，推财养客，群盗大侠，莫不愿效死力"。《资治通鉴·隋纪七》说："世民聪明勇决，识量过人，见隋室方乱，阴有安天下之志，倾身下士，散财结客，咸得其欢心。"

长孙顺德与刘弘基就是在这个时候与李世民结成生死之交的。长孙顺德是长孙晟的族弟，与刘弘基原本都是隋宫廷的宿卫军官，因逃避辽东兵役，亡命太原投靠了李渊，因此与李世民相识。这两个人后来在李世民募集义兵时都发挥了关键作用。

此外，刘文静和裴寂也在此时先后加入了李世民"潜图义举"的行列之中。刘文静时任晋阳令，裴寂时任晋阳宫监，二人因职务交往而成为好友。他们目睹天下大乱，而自身前途未卜，时常相对而叹。他想让裴寂和他一起依附李世民，可裴寂对此却不以为然。

不久，刘文静因与李密有姻亲关系而被关进郡狱。正当他对前途感到茫然之际，李世民亲自来狱中探望他。刘文静大喜过望，马上向李世民发出试探，说："天下大乱，非汉高祖、光武帝之才华者，不可平定四海!"

李世民笑着说："先生怎么知道没有？只是常人不知道罢了。我之所以来看你，并不是像小儿女那样注重个人感情，而是来和先生图谋天下大事，不知先生有何见教？"

刘文静知道自己没有看错人，于是将自己的想法和盘托出："如今主上南巡江淮，李密围逼东都，天下群盗多如牛毛。值此之际，若有真命之主应天顺人，振臂一呼，取天下则易如反掌。今太原百姓为避战乱，皆入晋阳，文静为晋阳令数年，知其中豪杰之士众多，一朝啸聚，可得十万人；尊公所领之兵亦有数万，一声令下，谁敢不从？进而乘虚入关，号令天下，不出半年，帝业可成!"李世民听完朗声大笑，"君言正合我意。"从此，李世民与刘文静开始积极部署，准备起事。

而这个时候，李渊在做什么呢？按照正史的说法："渊不之知也。"而李世民则"恐渊不从，犹豫久之，不敢言"。

由于裴寂与李渊的私交很好，所以李世民决定从裴寂的身上突破。李世民把自己的密谋告诉了裴寂，同时让他想办法说服李渊。李世民和裴寂很快就想了一计，随后的日子里，裴寂天天去找李渊喝酒，喝完酒又顺便"送上"几位美女。一连数日之后，裴寂找了个四下无人的机会，不慌不忙地对李渊说："二郎暗中蓄养兵马，欲举义旗，恐大事泄露被诛，所以让我以晋阳宫女奉公，此乃情急之下，迫不得已之计。如今众人心意已决，不知公意下如何？"

李渊一听，当场冒出冷汗。原来，这几天为他安排的美女竟然全都

是晋阳行宫的宫女——皇帝杨广的女人！这可是灭门之罪啊！没想到自己的儿子和老友居然使了这么一招把他绑上了"贼船"。李渊愣了很长时间，最后无可奈何地说："吾儿既有此谋，事已至此，为之奈何？只好从他了。"可李渊毕竟是被逼无奈，所以一直犹豫。

不久，又发生了一件让他差点掉脑袋的事，再次把他逼入一个进退两难的境地。

从隋大业十二年（616年）底到次年正月之间，东突厥屡次出兵进犯马邑（今山西朔州市），李渊派遣副留守高君雅会同马邑太守王仁恭出兵抵御，结果却吃了一场败仗。在江都的隋帝杨广闻讯大怒，以"不时捕虏，纵为边患"为由，遣使赴太原将李渊就地拘押，并准备将王仁恭斩首。

李世民一见时机成熟，终于当面对李渊说："今主上无道，百姓困穷，晋阳城外皆为战场；大人若再拘守小节，下有盗寇、上有严刑，危亡无日。不如顺民心，举义兵，转祸为福，此天授之时也。"李渊大惊失色，"你怎能说出如此大逆不道之言？我现在就告发你。"然后找出纸笔，做出一副马上要奋笔疾书之状。李世民一脸沉着，缓缓地说："世民观天时人事如此，所以敢说；倘若一定要告发我，不敢辞死！"李渊气得把笔一扔，说："我怎么忍心告发你呢？你别再说这种话了。"

可是第二天一早，李世民仍锲而不舍地说："今盗贼日繁，遍布天下，大人受诏讨贼，贼能讨得完吗？到最后还要承担讨贼不力的罪名。而且世人纷传李氏当应图谶，所以李金才无罪，却一朝族灭。退一步说，即便大人能将盗贼尽皆剿灭，自古功高不赏，届时危险更大！只有昨日之言，可以救祸，此乃万全之策，愿大人勿疑!"李渊仰天长叹："我昨天一整夜都在想你说的话，其实还是很有道理的。今日不管是家破人亡由你、化家为国也由你，一切都由你了……"

此时的李渊真是万般无奈! 几天后，隋帝的使者又到了，准备把李渊和王仁恭一起押赴江都问罪，李渊顿时惊慌失措。于是，李世民和裴寂等人再次进言："今主昏国乱，尽忠无益。偏将副手战场失利，竟然也要归罪明公。危亡已经迫在眉睫，宜早定计。况且晋阳兵强马壮，行宫中又蓄积金钱布帛巨万，以此举事，何患不成? 今留守长安的代王幼弱，明公若击鼓向西，据有长安如同探囊取物，何必被区区一个朝廷使者囚禁、坐以待毙呢?"

至此，李渊下定决心，开始暗中部署。可没过几天，江都的天子使臣又到了，宣诏赦免了李渊和王仁恭的战败之罪，并且让他们官复原职。赦令一下，李渊立刻反悔，矢口不提举义之事。接下来的日子，越来越多的人开始催促李渊起兵，如鹰扬府司马许世绪、行军司铠武士蓬（武则天的父亲）、前太子左勋卫唐宪、唐宪的弟弟唐俭等等。然而，李渊还是迟迟不动。

刘文静忍无可忍，只好向裴寂施压。此后，裴寂软磨硬泡，终于把李渊彻底说服了。李渊随后让刘文静假造敕书，以朝廷准备四征高丽为名，命令太原、西河、雁门、马邑四郡凡二十岁以上、五十岁以下者全部要应征入伍，借此扩大武装力量，准备起兵……

可是，谁是起兵"首谋之人"?

在正史中，李世民毋庸置疑地成了晋阳起兵的"首谋之人"，而李渊

一开始则被蒙在鼓里，后来迫不得已卷入了这个事件。李渊父子，究竟谁才是这次起兵的"首谋之人"？谁才是这个大事件真正的灵魂人物？谁才是大唐三百年基业当之无愧的开创者？

对此，历代官修正史都异口同声地回答——李世民。后晋刘昫修撰的《旧唐书》声称："太宗与晋阳令刘文静首谋，劝举义兵。"北宋欧阳修等人编撰的《新唐书》也断言："高祖起太原，非其本意，而事出太宗。"司马光主编的《资治通鉴》更是斩钉截铁地说："起兵晋阳也，皆秦王李世民之谋"；"高祖所以有天下，皆太宗之功！"

然而，历史的真相果真如此吗？李世民真的是晋阳起兵的"首谋之人"吗？

许多学者认为，李渊是晋阳起兵的首谋者，他作为隋朝统治集团的一位重要人物，早就有叛隋起兵的念头，只是在正式起兵前几年里，一直秘密筹备罢了，"高祖审独夫之运去，知新主之勃兴，密运雄图。"《旧唐书》及《资治通鉴》载高祖"纵酒纳赂以自晦"，其实"纵酒"即沉湎，就是装糊涂；"自晦"即混其迹，就是掩盖自己。李渊以"纵酒"作为"自晦"之计，是一种防护性的策略，以消除隋帝对他的猜忌。据《旧唐书·宇文士及传》，早在晋阳起兵前四五年，李渊就与宇文士及在涿郡"尝夜中密论时事"，武德二年（619 年），宇文士及降唐，李渊对裴寂说："此人与我言天下事，至今已六七年矣，公辈皆在其后。"涿郡密论天下事，李世民才十三四岁，一个十三四岁的少年怎能左右久居高位的李渊呢？

615 年，李渊受命为山西、河东抚慰大使时，副使夏侯端劝他早做反隋准备，李渊"深然其言"（《旧唐书·夏侯端传》）。又据《大唐创业起居注》载，李渊刚做太原留守，就对李世民说："唐固吾国，太原即其地焉。今我来斯，是为天与；与而不取，祸将斯及。然历山飞不破，突厥不和，无以经邦济时也。"这表明了李渊的政治野心。非常明显，李渊视太原为自己的地盘，早有吞并天下之心，李渊是个颇具雄心、富于权谋的政治家和军事家，晋阳起兵前，他就命李建成"于河东潜结英俊"，李世民"于晋阳密诏豪友"，为起兵做了组织上的准备。升任太原留守后，很快地取得了太原英豪的信任，成为关中地主众望所归的人。

起兵攻入长安，"约法十二章"，很快稳定了关中秩序，当上了大唐开国皇帝。因此，晋阳起兵的主要策划者，首推李渊，他绝不是昏庸无能之辈，而是一个"素怀济世之略，有经纶天下之心"的人物。

唐太宗的身世之谜

唐太宗李世民是中国历史上著名的贤君明主，他在位 23 年，政治清明，国家安定，人民安康，史称"贞观之治"，为后来唐王朝的繁荣昌盛奠定了坚实的基础。自古以来，研究唐太宗的人数众多，产生较大争议的，却是他的血统问题。

传统观点认为李世民为汉族血统，证据是新、旧《唐书》中李氏自言其为西凉王李暠后代的记载。按李暠为十六国时期西凉政权的建立者，世称凉武昭王，他出身于陇西成纪（今甘肃秦安北）李氏望族，是汉代将军李广的后裔。既然李世民为李广、李暠的后人，那他理所当然是汉族人。

但是正史中的记载并不一定可靠。早在唐代，就有人敢冒杀头的危险提出异议。据唐代僧人彦惊《唐护法沙门法琳别传》记载，高僧法琳曾直言驳斥李世民的出身，他说："琳闻拓跋达阇，唐言李氏，陛下之李，斯即其苗，非柱下陇西之流也。"认为李氏实出鲜卑族拓跋达阇宗族，而不是陇西望族李氏之后。《宋书·柳元景传》《新唐书·宗室世系表》对李氏一族另有相关记载，李渊祖父李虎有兄名"起头"，有弟名

"乞豆"，李起头之子名"达摩"，这些名字显然带有异族色彩，并非为汉族人所常用。而李氏的先祖在北魏时，做过弘农太守，名叫李初古拔，四字姓名在汉族中除复姓外极其少见，由此不难推断，唐宗室李氏应出自胡族。

对新、旧唐书中记述的李氏家族渊源，经现代学者考证，存在疏漏。李渊自称出自陇西李氏望族，其祖父李虎因为这个原因被封为陇西郡公。而李渊四世祖李熙、曾祖李天锡却出自河北赵郡李氏。陇西李氏与赵郡李氏本来没有必然联系，北魏时，以赵郡李氏为望族，西魏时改封陇西李氏为望族。宗族郡望应是固定不变的，李氏家族却频繁更换郡望。

传世的唐代画家阎立本《步辇图》，细致描绘了李世民的容貌。他身姿丰伟，神态安详，两颊和下巴的胡须卷曲着，与西域胡族男子有着近似的相貌特征。从生理学来看，这多少与其胡族血统有关系。李世民精于骑射，在戎马倥偬中度过了大半生，显然是继承了塞外民族的优良传统。再次，他嗜爱骏马，生前有良驹万匹，死后也要在墓前设立"昭陵六骏"陪侍左右，一定程度上显露了游牧民族所共有的"恋马"情结。种种迹象都表明了李世民的胡族身份。

据《唐书·李元婴传》载，李世民侄孙滕王李涉"状貌类胡而丰硕"，明显具有异族人的特征。又唐代刘餗《隋唐嘉话》说，隋末王世充部将单雄信曾呼李世民之弟李元吉为"胡儿"，这不应是讽刺挖苦之语，而是揭了李世民家族的老底儿，令他特别恼火。最突出的例证是李氏家族中部分人的婚姻，显著地带有胡人婚俗遗风。南宋理学家朱熹曾说："唐源流于夷狄，故闺门失礼之事不以为异。"道明了此中缘由。还有唐太宗

李世民的昭陵，据学者考证也带有胡族的痕迹。陵前原有的14个"番西"雕像虽已不知去向，但他们应该与墓主有一定联系。昭陵的骏马石刻为中国历代帝陵所独有，它代表了一种特定的陪葬习俗，这种习俗只能来自于塞外民族。这些旁证进一步证明了唐太宗的身上确实流淌着胡族人的血液，他的民族属性应该不是汉族。

但也有很多学者认为唐朝李世民家族确为汉族。历代开国君主在未取得帝位之前，大都是能征善战的猛将，如东汉光武帝刘秀、晋武帝司马炎等。骑马作战是他们应具备的本领，唐太宗自然也不例外。李世民出身于豪门，其父兄皆能骑射，作为胸有大志的李家二公子，注重学习兵法，喜欢骑马射箭，所以，根据李世民擅长骑射而臆断他是胡人是不足取的。爱马并非游牧民族的独特风俗，在汉族中也不乏其例，如项羽有马名"骓"，项羽视之如生命，即使在他兵败乌江时，也不忍心将其杀害，而将它送给了乌江亭长。汉武帝也酷爱名马，当李广利在攻灭大宛向其进奉"汗血"宝马时，他惊呼其为"天马"。可见，"昭陵六骏"陪葬石刻也不能充分证明唐太宗为塞外民族后裔。至于情感方面的事，与其是否为胡族血统没有必然联系。由此可见，他们认为唐太宗李世民根本不是什么胡人后裔，他还是彻头彻尾的汉族人。

然而，结合魏晋南北朝时的史实，完全认定李世民是汉族人，似有不妥之处，因而有人提出了一种折衷的观点，认为他是汉族与胡族的混血儿。

其一，李世民先祖并非凉武昭王李暠之后，因而也就不是西汉"飞将军"李广的后人，他的真正祖籍应在今河北赵县。唐高祖李渊自称祖居陇西狄道是为了抬高自己的门第，以提升自己的政治地位。自北魏孝文帝改革以来，其统治地区允许胡汉通婚，李氏又与鲜卑族杂居在一起，因此李世民身上应流淌着胡人的血液。还有人认为，北魏时期，太行山以东地区有五大望族王、李、崔、郑、卢，其中李姓为鲜卑族中一大姓氏，是汉化后取的姓。《唐书·高祖本纪》也有李渊祖父李虎在北魏时被赐姓大野氏的记载，由此推断李氏先祖应为鲜卑贵族大野部的姓氏。《唐书》故弄玄虚，画蛇添足，无意中漏了马脚。这么来看，李世民成了胡族血统，但根据北魏异族可以通婚的法令，他的身上又涌动着汉族人的血液。

其二，对于李渊的血统，学术界仍存在着三种观点：河北赵郡破落贵族、鲜卑族大野部和老子李耳后裔。目前尚没有足够证据说明他不是汉族，即使是汉族，他的身上也仍有胡人血统。其母独孤氏为鲜卑族，显然李渊是混血儿。他又娶妻窦氏，据窦氏言，其父窦毅托言是东汉窦章之后，汉末章子亡奔匈奴，被封为部落大人，实际上是匈奴人，最起码也是匈奴化的汉人。窦毅妻宇文氏系出匈奴，那么窦氏必然具有胡族血统，她与李渊生的儿子李世民当然是混血儿了。这不是虚妄之谈，而是千真万确的事实。

其三，唐太宗李世民的言行举止也表明了其作为混血儿的特征。他曾言："自古皆贵中华，贱夷狄，朕独爱之如一，故其种落毕依朕如父母。"（《资治通鉴》）倘若他没有胡族血统，是绝不会说出如此英明果敢的话的。正如陈寅恪先生所说：李唐一族之所以崛兴，盖取塞外野蛮精悍之血，注入中原文化颓废之躯，旧染既除，新机重启，遂能别创空前

之世局（《金明馆丛稿》），这也明确说明李世民是混血儿。

　　李世民究竟是不是混血儿，至此已有了较为清晰的眉目，他的身上确实流淌着胡汉两族的血液。出身不能由自己选择，这不能视为李世民的"短处"。应当看到，这与社会大环境有直接关系，是北朝至隋唐时期民族之间的交流融合促成了这一事实。或许是他深受胡族与汉族两种文明的影响，才形成了勇猛善战、做事果断、胸襟开阔、大度容人而又善于听取不同意见的豪爽开放的性格，从而开创了国家鼎盛、各民族友好相处的"贞观盛世"。后人在评论李世民时，说的多是这位明君的丰功伟绩，看的是他对历史发展所起的重要作用，而对于他身上带有什么血统，则不必过多计较。中华民族本来就是众多民族组成的大家庭，李世民无论是否为混血儿，都是值得肯定和赞扬的一代英主。

骆宾王的离奇人生

"鹅鹅鹅，曲项向天歌，白毛浮绿水，红掌拨清波。"这是蒙童初识字时常学的一首唐诗。它的作者是初唐著名诗人骆宾王，此人与王勃、杨炯、卢照邻并称"初唐四杰"。

骆宾王，浙江义乌人，被后人誉为神童。然而他一生命运坎坷，怀才不遇，潦倒失意。唐高宗仪凤四年（679年），升任侍御使，掌管举荐贤能、弹劾百官事务，后因向武则天上书言事而被诬下狱，遂作《在狱咏蝉》诗以明志，其中"露重飞难进，风多响易沉，无人信高洁，谁为表予心"四句常为世人所称道。获释后改任临海（今属浙江）县丞，故后人又称其为骆临海。武则天光宅元年（684年），唐朝大将徐世勣（后赐姓李，避太宗讳，名李勣）之孙徐敬业因反对武后篡位称帝，在扬州聚兵十余万发动叛乱，意在恢复大唐李氏王朝。驼宾王毅然投奔徐敬业做其幕僚，并撰写了《代徐敬业传檄天下文》，文章用词苛刻，反复嗤斥，多加揶揄，说武氏"入门见嫉，蛾眉不肯让人；掩袖工馋，狐媚偏能惑主"，极力贬斥武后争功邀宠，获得先帝信任的媚态，还历数武则天

的秽行恶迹及阴谋野心，与徐敬业起兵的正义和威武相对比，来瓦解武氏朝中士气。并用"一抔之土未干，六尺之孤安在"形容先帝尸骨未寒，武则天就将储君软禁宫中，希望武则天能还政与唐。最后以"试看今日之域中，竟是谁家之天下"为结语，气势恢宏，极富感号力。武则天观看此文后，十分震惊，问是谁写的，周围的人告诉她是骆宾王。武则天十分惋惜地叹道："宰相之过也，人有如此才，而使之流落不偶乎！"（《资治通鉴·唐纪十九》）无奈徐敬业寡不敌众，只坚持了三个月，就被武则天所派大将李孝逸击败。后骆宾王亡命逃遁，下落不明，成了文学史上的一桩千古疑案。

一说骆宾王因兵败而亡。《旧唐书·骆宾王传》曰："敬业败，伏诛。"《新唐书，李劫传》曰："敬业与敬猷、之奇、求仁、宾王轻骑遁江都，悉焚其图籍，携妻子奔润州，潜蒜山下，将入海逃高丽，抵海陵，阻风遗山江中，其将王那相斩之，凡二十五首，传东都，皆夷其家。"又《资治通鉴·唐纪十九》云："乙丑，敬业至海陵界，阻风，其将王那相斩敬业、敬猷及骆宾王首来降。"正史记载的都是他兵败被杀。与骆宾王是世交的宋之问在《祭杜审言学士文》中也说："骆（宾王）则不能保族而全躯。"对他的死表示出无限痛惜。

二说骆宾王投水自尽。唐代张鷟《朝野佥载》云："骆宾王《帝京篇》曰：'倏忽抟风生羽翼，须臾失浪委泥沙。'后与徐敬业兴兵扬州，大败，投江水而死，此其谶也。"他认为骆宾王在早年所作《帝京篇》中，早就预言自己要投江而死。

三说骆宾王逃遁于今江苏南通一带。据明代朱国桢《涌幢小品》记载，明武宗正德年间，南通城东的黄泥口发现了骆宾王墓穴，墓主衣冠如新，后来该墓被迁至狼山，至今遗迹犹存。又清代陈熙晋在《骆临海集笺注·附录》中说，雍正年间有个自称李积 37 代孙的李于涛，据其家谱称，扬州兵变失败后，骆宾王与徐敬业之子隐藏于邗河的白水荡，得以逃脱。以后骆宾王客死崇川，骆宾王墓就是徐敬业之子所修。唐代海陵在今江苏泰州一带，距南通市很近。骆宾王在兵败后，可能就近隐遁，后来带着壮志未酬的遗恨凄惨离世，这就是南通骆墓的由来。

四说骆宾王逃脱后落发为僧。《新唐书·骆宾王传》曰："敬业败，宾王亡命，不知所之。"唐代孟棨《本事诗》中有详细的记载："当敬业之败，与宾王俱逃，捕之不获。将帅虑失大魁，得不测罪，时死者数万人，因求戮类二人者，函首以献。后虽知不死，不敢捕送。故敬业得为衡山僧，年九十余乃卒。宾王亦落发，遍游名山，至灵隐，以近八十岁卒。"

觉得骆宾王兵败而亡的人认为，正史中除《新唐书》云骆宾王兵败"不知所之"外，其余均说其被杀，而宋之问所说骆宾王"不能保族而全躯"，更成为他被杀的力证。骆宾王与宋之问的父亲是同僚，骆宾王文集中也有三首赠宋之问的诗：《在江南赠宋五之问》《在兖州饯宋五之问》《送宋五之问》，诗中径称宋之问为"故人"，可见二人关系甚密，交情深厚，宋之问的话是完全可信的。关于投水自尽之说，多以为小说家言，又带有宿命论色彩，更无其他资料印证，很少有人相信。但《资治通鉴考异·唐纪十九》引《唐纪》曰："敬业（敬）猷……宾王走归江都……敬业入海，欲奔东夷，至海陵界，阻风，伪将王那相斩之来降，余党赴

水死。"看来，骆宾王的确是投水自尽了。

觉得骆宾王仍然活着的人认为，郗云卿是奉诏令搜辑骆宾王的诗文，必然要详加考证他一生的主要行踪，而得出的骆宾王"逃遁"结论，是否定其被杀的重要证据。除此，骆宾王的《夕次旧吴》《过故宋》《咏怀》三首诗，尽是黍离之感，故国之思。如"西北云逾滞，东南气转微""惟当过周客，独愧吴台空"等，大概不是一般的咏古抒情之作，可能是其兵败后重游故地的无限感喟。另孟荣《本事诗》所载，虽有疏漏，但大致是可信的。为邀功请赏，搜捕骆宾王的将领完全有可能以假首级报送京师。宋之问知晓后，便在《祭杜审言学士文》中记下了"骆则不能保族而全躯"。退一步讲，即使宋之问明知是假首级，他也断然不会说出真话，因此，以宋之问的话来证明骆宾王被杀是站不住脚的。

骆宾王出家为僧一事也并非是虚妄之谈。有人在研究了《潜阳唐夏骆氏宗谱》后认为，骆宾王在兵败后先逃亡至灵隐寺为僧，后定居于潜阳（今浙江临安县），10余年后才去世，遗体被运回浙江义乌安葬，因此今浙江义乌绣川溪仍有骆宾王墓。骆氏宗谱虽然为清宣统元年（1909年）重修，并残缺不全，但谱中载有明清人序、跋十余篇，均未对骆宾王遁迹于潜阳提出异议，显然是可信的。对于骆墓，《骆临海集笺注》所附李于涛《和骆宾王遗墓诗·诗引》说，义乌为骆宾王衣冠冢，本墓在崇川（今南通境内），这就是明代在南通境内发现骆墓的缘由。上述两说虽细节处稍有差异，但都肯定骆宾王兵败后遁迹于江浙一带。

至于骆宾王投水自尽，也存在诸多疑点。既然有人看见他投水，谁又能说这不是潜逃呢？骆宾王生于浙东水乡，应识水性，当时趁兵乱，极有可能入水远遁而去，也正说明他并未遭诛杀。而人们误以为他溺死，才有了《朝野金载》《资治通鉴考异》的记载。由此看来，骆宾王兵败隐匿生还说似占了上风，其实也不尽然。反对者认为，郗云卿的序言有不同版本，宋代著名私人藏书家陈振孙在《直斋书录解题》卷16《骆宾王文集》条下注曰："其首卷有鲁国郗云卿序，言宾王光宅中广陵伏诛。"又曰："又有蜀本序文视前本加详，而云广陵起义不捷，因致逃遁。"两个版本的郗序关于骆宾王的下落竟截然相反，究竟该相信哪一个好呢？

骆宾王是死是生，各家广征博引，据理力争，也未形成不易之论。至少，在未发现新的资料之前，这场争论仍将继续下去。

李白的身世谜团

说起唐代诗人李白，可谓童叟皆知，他是我国伟大的浪漫主义诗人，其诗风格豪放，卓而不群，人称其为"诗仙"。然而，这位令人耳熟能详的诗中奇才的身上仍有许多谜团至今未解。

一、李白祖籍在哪里

通常认为李白出生在碎叶城。关于碎叶城，郭沫若在《李白与杜甫》一书认为：李白出生于中亚细亚的碎叶城，即今吉尔吉斯共和国境内的托克马克。在唐代，中亚碎叶属"西域十六都督府"之一的"条支都督府"管辖。此处的条支不同于《汉书·西域传》中的"条支"，汉时条支指的是濒临波斯湾的一个小国，其地理位置大致在今伊拉克境内。从李白《战城南》等诗中所述"条支""葱河""天山"等断定，唐时条支应是与天山、葱河等地接壤的今吉尔吉斯斯坦一带，而碎叶城就包含其中。

另一种观点则认为，碎叶城应在今新疆博斯腾湖畔的库尔勒和焉耆回族自治县境内。据《新唐书·地理志七》载，贞观十八年，唐灭焉耆，在其地置都督府。唐高宗调露元年（679年），安西都护王方翼筑碎叶城，四面十二门。一般认为，李白出生于武则天大足元年（701 年），在其出生之前，焉耆碎叶早已存在，因此不能排除李白出生于此地的可能性。李白诗《战城南》中的条支海应是西海（今博斯腾湖）或蒲昌海（今罗布泊），二者离焉耆碎叶城较近，他完全有可能将其写入自己的诗篇。另外，中亚碎叶城于天宝七年（748 年）毁于战火，而范传正在元和十二年（817 年）为李白墓撰写碑文时，如果所指是中亚碎叶，必然要加以特别说明，绝不会向世人展示一个早不存在的废城。可见，李白的出生地应是焉耆碎叶。

针对碎叶城的争议一说，有的学者提出了与此迥异的观点，认为李白出生在条支。唐代的条支在今阿富汗共和国中部一带，其治所就是古时的鹤悉那，即今天的加兹尼，根据是李白族叔李阳冰《草堂集序》中李白先祖"谪居条支"的记载。唐代的条支都督府与西天竺（今巴基斯坦西部）的印度河流域接壤，此地盛产莲花，李白从小耳濡目染，因而成年后自号青莲居士，这是出于对童年生活的一种追忆与眷恋。再从李白诗《江西送友人之罗浮》描述的"日从海旁落，水向天边流"奇特景象来看，也极符合条支的地形地貌。而李白又精通月氏语，这是通行于条支的民族语言，也足以说明李白出生在条支。

李白一生居蜀多年，因此有人认为他出生在蜀中。据李阳冰《草堂集序》："李白，字太白，陇西成纪人……（其父）神龙之始，逃归于蜀。"又范传正《唐左拾遗翰林学士李公新墓碑》："公名白，字太白，其先陇西成纪人……神龙初，（其父）潜还广汉。"通常而言，李白出生于武则天大足元年（701 年），而唐中宗神龙元年（705 年），其父才逃归

于蜀。李白绝不可能先于其父逃蜀而出生在蜀中。后经学者考证，神龙当是神功（697年）之误，即李白之父入蜀4年后，李白才出生于剑南道绵州昌明县青莲乡（今四川江油市青莲镇）。至今，青莲镇尚保留着与李白有关的古迹，如朝清乾隆年间重修的李白故居"陇西院"，嘉庆年间修建的"太白祠"。此外，同治年间编纂的《江油县志》也写有"匡山下临涪江水，中有谪仙之故里，道旁父老为我言，飒爽英姿疑未化"的诗句。以上资料都在表明，李白的籍贯就是蜀中。

从李白的诗文中我们也可以找出一些蛛丝马迹。《渡荆门送别》云："渡远荆门外，来从梦国游，山随平野尽，江入大荒流。月下飞天镜，云生结海楼。遥怜故乡水，万里送行舟。"该诗为李白离蜀乘船经三峡去荆州时所写。他喻"长江"为故乡水，显然是将其上游的巴蜀当作自己的家乡。又《上安州裴长史书》云："见乡人（司马）相如大夸云梦之事，云有七泽，遂来观焉。"按《史记》载，司马相如为"蜀郡成都人"，既然李白言其为同乡，则李白必为蜀人无疑。上面记载均出于李白自述，具有一定可信度，如此观之，其出生地也可能是蜀中。

李白究竟出生在哪里，其实自唐代起就存有争论。还有一种说法，认为李白出生于山东。如：诗人元稹误解杜甫"近来海内为长句，汝与山东李白好"句意，在杜甫墓志铭中径称"是时山东人李白以奇文见称"，以讹传讹，造成李白是山东人的错误，其后《旧唐书·李白传》、元代辛文房《唐才子传》也延用此说。其实，李白之父曾在任城（今山东济宁）做过县尉一职，李白年少时与孔巢父、韩沔、裴政等隐于徂徕山，酣歌醉酒，时号"竹溪六逸"。正是基于此因，杜甫才有"汝与山东李白好"的诗句。对于李白出生地，我们相信随着研究的深入，总有一天会得出确切的结论。

二、李白是汉族人吗

据《新唐书·李白传》载："李白，字太白，兴圣皇帝九世孙，其先隋末以罪徙西域，神龙初，遁还，客巴西。"又李阳冰《草堂集序》云："李白，字太白，陇西成纪人，凉武昭王暠九世孙，蝉联珪组，世为显著，中叶非罪，谪居条支，易姓与名。……（其父）神龙之始，逃归于蜀。"按李暠为十六国时期西凉政权的建立者，李白既然为其后裔，则出生于贵胄之家，只因某种原因，其先祖被迫徙于条支，至唐中宗神龙初年，李白一家才逃回蜀中，依此推测，他应当是汉族人。

李白的诗文《上安州裴长史书》云："白本家金陵，世为右姓，遭沮渠蒙逊难，奔流咸秦。"又《赠张相镐》诗云："本家陇西人，世为汉边将，功略盖天地，名飞青云上。"以此推之，李白的远祖为汉代"飞将军"李广，而西凉武昭王李暠也自言李广之后。由于北凉主沮渠蒙逊灭西凉，出于逃生需要，李白先祖不得不远走西域，流落于碎叶一带。既然李白是李广后裔，那理所当然是汉族人。

也有人认为李白是胡族人。唐人魏颢《李翰林集序》描述李白相貌"眸子炯然，哆如饿虎"，很明显他具有西域胡人的特征。据范传正《唐左拾遗翰林学士李公新墓碑并序》："绝嗣之家，难求谱牒，公之孙女搜于箱箧中，得公之亡子伯禽手疏十数行，纸坏字缺，不能详备，约而计之，凉武昭王九代孙也。隋末多难，一房被窜于碎叶，流离散落，隐姓与名，故自国朝以来，漏于属籍。神龙初，潜还广汉，因侨为郡人，父

客，以遁其邑，遂以客为名，高卧云林，不求禄仕。"范传正是李白好友范伦之子，他撰此文时在元和十二年（817年），距李白逝世（762年）不足60年，应该说可信度较强。然而文中尚存有诸多疑点，令人难以置信。

首先是"凉武昭王九代孙"问题，按《旧唐书·高祖本纪》李渊为"凉武昭王暠七代孙也"，那么，李白与李唐家族出于同一先祖李暠，应是皇亲国戚。唐玄宗于天宝元年（742年）颁布诏书，准许李暠子孙"隶入宗正寺，编入属籍"。当时李白正在朝中供奉翰林，却未入属籍，说明他并非李暠九世孙。此说明范传正也并未确定，仅仅是"约而计之"，推测李白大概是凉武昭王九代孙。

其次是李白一家为何要"潜还广汉，因侨为郡人"。既然隋末多难，李氏一族被迫流落碎叶，隐姓埋名，偏安于此，李唐王朝建立后，政治清明，社会安定，李白父亲应该正大光明地返回巴蜀，似不应该"潜还"，在其背后，必定有难以启齿的原因。因此，有人推测说，李白先祖根本不是汉人，而是西域胡人，其父"潜还广汉"也是迫于某种压力，或者是逃难。由于语言差异：西域胡人的姓名不被华夏地区认可，人们多以胡客称之。为了交流方便，久而久之，李白之父便改为李姓，并取客为名，因唐代国姓为李，为了提高李白家族的政治地位，李父又攀附李暠为远祖。然而，当唐玄宗下诏准许李暠子孙编入属籍时，李白家族终不敢冒着欺君之罪登入皇籍，以求暂时的荣耀。此外，李白精通月氏语，懂得西域少数民族礼节，也充分说明了李白可能是胡人之后，而不是汉族人。

有的学者根据李渊为李暠"七代孙"、李白为"兴圣皇帝（即李暠，唐天宝二年加封）九世孙"这条线索，推测二者有血缘关系。引《唐书·高祖本纪》："暠生歆，歆生重耳……重耳生熙……熙生天赐……皇祖讳虎……皇考讳昞。"又《魏书·李宝传》："宝沉雅有度量，骁勇善抚接，伯父歆为沮渠蒙逊所灭，宝徙于姑臧。"可见，李暠的子孙至少有两脉，一脉以李歆为先祖，另一脉以李宝为先祖。李歆与李宝为伯侄关系，李白家族的先祖应为二者其一。李宝家族在北朝时期地位显赫，子孙皆位极人臣，世袭为官，然而良莠不齐，有因谋反遭诛之人，有因暗通西贼伏诛之人，有因妖言惑众被赐死之人。这些人的子孙被迫散落各地，虽不能保证李白是其后人，但根据其先世流落碎叶一事，也不能排除这种可能。由此观之，倘若李白真是李暠后裔，他应当是汉人无疑。

　　台湾一学者根据李白先祖曾遭贬谪之事，提出了一个新颖的观点，他认为，李阳冰、范传正的记载有误。或者是文章标点有误，凉武昭王九世孙指的是李白的曾祖或祖父。李白先世所犯之罪可能与"宗室恩怨"有关，也即玄武门之变。李白的高祖或曾祖，可能是唐太宗李世民兄弟中的一个，他们中的某个子孙幸免于难，得以逃至西域或西蜀隐姓埋名生活。所谓"隋末""非罪""多难"指的就是此事。如此看来，李白不仅仅是汉人，而且还是李唐皇族的宗亲。

　　李白究竟属于哪一民族的诗人，至今也无定论，但对于其先祖曾流落西域一事看法倒是一致的。无论李白是何民族，他的诗终归光耀千古，得到各民族人民的喜爱。

三、李白的经济来源。

李白一生游历了大半个中国，写下了许多歌颂祖国大好河山的壮丽诗篇，然而，李白游玩的费用从何而来，至今仍是个千古之谜，许多学者纷纷撰文阐述自己的见解。

20世纪60年代，《光明日报》发表麦朝枢《李白的经济来源》一文，文中作者他认为李白的故乡绵州（今四川绵阳）盛产盐铁，李白一家靠贩铁获利，收益颇丰。又李白滞居秋浦（今安徽贵池），当地出产银铜，他得以继续从事钢铁商业经营。李白诗中描写的炼丹、冶铜的生产状况，正是这种生活的真实写照。他既然是腰缠万贯的富商，自然能够游历华夏，蔑视王侯。

郭沫若根据李白涛《万愤词投魏郎中》的"兄九江兮弟三峡"句，判定李氏家族经商规模巨大，遍及长江流域，其兄和弟分别在九江和三峡坐庄，既将巴蜀的物产行销至吴楚，又把吴楚的特产运销巴蜀，生意兴隆，正是这两位富足的哥哥和弟弟为李白的游历提供了物质帮助。

还有人根据李白的行踪，推测其游历之地均是商业重镇，巨贾云集，李白也自称"混游渔商""穷与鲍生贾"，认为他是一个与商业密切联系的商人，其生活作风、政治思想带有明显市民特征，区区游历经费当然能自给自足。

有的学者从李白的婚姻入手，提出了独到见解。李白先娶唐高宗时宰相许圉师的孙女，又聘武则天朝宰相宗楚客的孙女为妻，二者均是富庶之家，必定对李白的生活有所援助。同时，李白也写过不少应制诗，按唐代的社会时尚，应能给他带来不菲的收入。李白所经之处，多写诗赠给地方长官，也相应得到一些馈赠。后来，李白被唐玄宗赐金放还，回到其父任职的任城（今山东济宁）居住，极有可能用赐金置办田产，靠收取地租生活。以此观之，无论李白是靠妻家相助，还是靠卖文所得，或收取租金，都能生活得很美满。对于一个活得潇洒悠闲的人而言，那点游历经费又何足挂齿呢？

也有人不同意上述观点，他们根据范传正《唐左拾遗翰林学士李公新墓碑》"父客以逋其邑，遂以客为名，高卧云林，不求禄仕"的记载，推断李白之父并不是富甲一方的巨贾，而是淡泊名利、不求仕进的高洁隐士。而李白诗文中的炼丹，也绝不是冶铁炼铜。唐代崇奉道教，炼丹是得道成仙的一种方式，他借写炼丹来表达自己渴望成仙的愿望。其诗句"兄九江兮弟三峡"也并非指在九江和三峡坐庄的"兄"和"弟"，联系下句"悲羽化之难齐"可知，此处描述的是李白兄弟三人天各一方，相距遥远。李白尚任侠，游历神州胜境时好与渔商、贩夫、走卒结伴而行，"混游渔商"不等于自己就是渔商，仅仅是对这种生活的记述。"穷为鲍生贾"则是诗中借用典故，抒发感情，而不能做死板的解释，牵强附会为李白经商。

李白也可能因婚姻而致富，但总不能依靠妻家的施舍，这与李白的秉性不符。而李白一生大多时间用于周游各地，自然无暇顾及经营家中的产业，作为极富浪漫主义色彩的诗人，他更不屑去追逐那些蝇头小利。事实上，李白游历的经费主要是靠自己募化所得。一则他的诗名大，才气过人，人们争购其诗，可以获得一定收入；二则他胆识过人，敢于藐视权贵，更因杨贵妃为其捧砚、高力士替其脱靴一事而名声大噪，得到

人们的尊敬，所到之处，衣食住行自然无须劳心；三则他性格豪爽，社交范围广，朋友们也乐意赞助他，为其提供经济支援。由于上面三个原因，得以使李白游历天下而无衣食之忧。虽然有时经济拮据，也曾求救于人，但并没有消磨他寻访名山、揽胜探幽的壮志豪情，为我们留下了气势恢宏的绝世华章。因此，我们无须把李白的家财想象的多么富有，也不必将其职业想象的多么复杂。自古以来，只有靠自己的力量才能干成大事业，李白亦然。正是凭借自己的才赋，李白方能独步天下。

四、李白死于何因

唐代宗宝应元年（762 年），李白逝世，葬于今安徽当涂。他究竟死于何因，历来争议很大。

大多数人认为李白死于疾病。李白族叔李阳冰《草堂集序》云："公又疾亟，草翠万卷，手集未修，枕上授简，俾予为序。"由此可见李白在患病期间，尚未完成自己文集的编纂，不得不托付族叔代理。唐代李华《故翰林学士李君墓志并序》曰："年六十有二，不偶，赋们临终歌而卒"。作于贞元六年（791 年）的刘全白《唐故翰林学士李君碣记》云："君名白，天宝初诏令归山，偶游至山。以疾终，因葬于此。"又宋代曾巩《李太白文集后序》曰："以病卒，年六十有四，是时宝应元年也。"唐人、宋人大多都认为李白是因病而死的。

李白一生嗜酒如命，与同时期的贺知章、张旭等人号称"酒八仙人"（《新唐书·李白传》）。阅读他的诗作，似乎就能闻到醇厚的酒香。如《将进酒》："烹羊宰牛且为乐，会须一饮三百杯。"还有流传甚广的"李白斗酒诗百篇"的千古佳话，都足以使人把他与"醉仙"联系起来。因而人们将其死因归之于醉酒致命。晚唐诗人皮日休《李翰林诗》云："竟遭腐肋疾，醉魄归八极。"引《唐书·李白传》曰："后遇赦得还，竟以饮酒过度，醉死于宣城。"皮日休距李白仙逝年代不是很远，所言应有所依据。《旧唐书》因是正史，可信度较强。因此，李白因酒致命说似成定论。

酒和月是李白诗作喜爱描摹的两个主要对象，而他对月似乎更有一种特殊的感情，《静夜思》《月下独酌》等诗无不体现着这种情愫。因此，有人将他的死与"水中捉月"联系起来。五代王定保《唐摭言》写道："李白着宫锦袍，游采石江中。傲然自得，旁若无人，因醉入水中捉月而死。"南宋洪迈《容斋随笔》也引用此说，但前面冠以"世俗言"三字，可见，这只是出自民间传说，实则是李白溺水而亡。他在晚年客居异乡，穷困潦倒，终日以酒浇愁，将酒当成了一解万古愁的灵丹妙药。可以想象，在颠簸摇晃的江船上，喝得醉醺醺的李白是极有可能掉入水中的。此后，元代辛文房《唐才子传》也说："白晚节好黄老，度牛渚矶。乘酒捉月，沉水中。"而王伯成编的杂剧《李太白流夜郎》更富神奇色彩，竟写了李白投水中，为龙王所迎去，羽化成仙。

以上皆是小说家言，不足为信，但李白醉入水中溺死并非是空穴来风。宋代陈善《扪虱新话》说："坡（苏轼）又尝赠潘谷诗云：'一朝入海寻李白，空看人间画墨仙。'"元代祝成辑《莲堂诗话》也云："宋胡璞，闽中剑南人，曾经采石渡题诗悼李白：'抗议金銮反见仇，一坏蝉蜕此江头。当时醉寻波间月，今作寒光万里流。'"连宋代大诗人苏东坡也相信李白是溺水而亡。清代王琦说："岂古不吊溺，故史氏

为白讳耶！抑小说多妄而诗人好奇。姑假以发新意耶？"他认为古代凡是溺死等非正常死亡的人，多不吊唁，因此正史隐去了李白真正的死因。而那些小说家们依据李白喜好探求新鲜事物的秉性，将其死因归之于"捞月"，并刻意渲染，极尽铺叙夸张之能事，把李白的死描述得富有浪漫主义色彩。

李白自少年起就饮酒，到其死亡，至少也有 50 年酒龄。现代医学表明，长期大量饮酒会引起慢性酒精中毒，对人体各个器官系统均有损害。而且多年饮酒引起的嫉妒妄想、幻觉症、震颤性谵妄症，也足以使李白在意识清醒的状态下产生幻听或幻视，双手持续性震颤，不能控制自己，造成他跌入江中溺水而死。因此，在未找到确切证据之前，病逝说与溺死说均有其合理性。而人们根据李白的个性，更愿意相信其"水中捉月"仙逝而去，因为这更符合他浪漫主义诗人身份。此外，李白的死因也有"铅中毒"的说法。李白诗句中提到当时的酒器有 17 种之多，其质地多为青铜和鍮石（黄铜的古称）。检测唐代出土的酒器，其中含铅量最多为 7.8%，最少为 2.09%。长年使用这些含铅量高的酒器贮酒、温酒、饮酒，必然会引起慢性铅中毒。李白晚年行为反常，有着"老来神志不爽"的感觉，因此，李白死于"铅中毒"的可能性也不能排除。

李白的作品被翻译成多国文字，受到世界人民的欢迎，德国的音乐家还为德文版的李白诗谱写了乐曲，并到中国演奏。然而，由于这位伟大的诗人一生的复杂经历，让他的身上蒙上了神秘的色彩，我们相信随着国际文化的交流和各国学者的努力，一定能解开李白身上的种种谜团。

鉴真东渡之谜

鉴真（688—763）是我国唐代赴日本弘扬佛法的高僧，他生于武则天垂拱四年（688年），广陵江阳（今江苏扬州）人。俗姓淳于，幼年家境贫寒，14岁时在扬州大云寺出家。鉴真聪慧好学，曾千里迢迢赴洛阳、长安等地拜高僧为师，研习佛法。经过一番努力，他遍研三藏，成为一名造诣颇深的佛学大师。回到扬州后，鉴真致力于讲律传戒，声名远播，许多人慕名前去听其讲经说法，他成为独步江淮的佛教领袖。鉴真除精于佛学外，对建筑、美术、雕塑、医药等领域也颇有研究。在扬州传法的十多年中，鉴真会同弟子们广泛募捐，筹备资金，建造了许多寺院和佛像，又兴办了济贫救孤的诊所，免费为病者诊治。在长期从事这些活动中，他掌握了多方面的实用技术，并培养了一批有专门造诣的工匠人才。通过为患者煎调药物，他还积累了丰富的医学临床经验，这一切都在他东渡日本之后派上了很大用场。

唐玄宗开元二十一年（733年），日本学问僧荣睿和普照随遣唐使来中国留学，他们同时肩负邀请中国僧人东渡日本传戒的任务。二人在洛阳、长安求学的十年之间，始终不忘请师传戒的使命。后来，他们从大安国寺僧人道航那里获知鉴真是一位德高望重、学问渊博的高僧，便想

要邀请鉴真东渡传法。天宝元年（742年），荣睿、普照约了西京僧道航、澄观，东都僧德清、高丽僧如海等一起前往扬州拜谒鉴真。鉴真听了日本僧人的陈述，深感那里是一个"有缘之国"，就问众弟子有谁愿去日本国传法，在场的僧众默然良久，无人应答。弟子祥彦犹豫着说，日本和中国有茫茫的大海相隔，很少有人能安全到达，而我等"进修未备，道果未克"，也不具备弘法的资历，所以无人敢去。鉴真说："是为法事也，何惜身命？诸人不去，我即去耳！"他一番语气坚定的话语深深感染了大家，当场就有祥彦、道航、思托等21名僧人表示愿意跟随鉴真东渡传戒，然而，东渡之地却是同经波折。

天宝二年（743年），鉴真与僧众开始了第一次东渡，他时年55岁。船只正要启航，随行的僧徒发生了意见分歧，道航认为高丽僧人如海学行欠缺，不宜带他同行。这引起了如海的极大不满，遂向当地官府诬告道航等人私通海盗，结果将荣睿、普照、道航等人拘捕4个月。虽然事后真相大白，但地方官员仍认为"今海贼大动，不须过海"，强行没收了鉴真的船只，首次东渡宣告失败。

同年，鉴真托人购得军用船一艘，雇了18名水手，又置办了佛经、佛像、法器、名香、麻靴、药物、蔗糖、粮食等诸多物品，会同祥彦、荣睿、普照、思托等17人及琢玉匠、画师、雕镂、铸写、刺绣、镌碑等工匠共计85人组织第二次东渡。船自扬州离岸后，在狼沟浦遇上风暴，大浪击破船只，被迫停留一月修船。再次下水后，至扬子江口又遇风浪，停泊一月。继续航行，不料在舟山群岛附近触礁翻沉，幸好无人员伤亡，大家登上一个孤岛，后被官船送至明州（今浙江宁波）。鉴真等

17位僧人留住阿育王寺，其余人悉数遣返回乡，第二次东渡又无功而返。

天宝三年春，越州（今浙江绍兴）龙兴寺僧众得知鉴真在明州，就邀请他去传戒，随后杭州、湖州等地的寺院也聘请他去讲学。鉴真依次巡游开讲授戒，完毕后又回到阿育王寺。一部分越州弟子对鉴真推崇备至，舍不得让他出国，就联名控告荣睿引诱鉴真东渡，荣睿因此被捕，押送长安，路经杭州时假称病逝方得脱难，第三次东渡计划又夭折了。鉴真看到荣睿、普照二人历尽艰辛仍不放弃，深嘉其志，便秘密派人去福州购船、置办物品，准备东渡，自己则同祥彦、荣睿、普照、思托等30余人假称巡礼圣迹，打算前往福州会合。不料扬州弟子灵佑与诸寺主持商议说，鉴真大师东渡日本，沧海万里，死生莫测，不如告知官府将他们截留下来。于是，在沿海各地官府的协助下，鉴真一行又在严密防护之下被送回了扬州。荣睿、普照感到留在扬州对鉴真不利，遂移居同安郡（今安徽安庆附近），第四次东渡又化为泡影。

天宝七年（748年），年已60岁的鉴真依旧充满信心，与从同安赶来的荣睿、普照及众弟子积极造船，购置百物，"一如天宝二载所备"，准备第五次东渡，这次随行的僧众及水手共计60多人。然而时运不济，船出海后就遇狂风巨浪，在海面漂流14天后，至海南岛振州（今海南三亚）远离航道，钱粮用尽，无奈只好返航。后辗转广西、广东、江西、安徽等地，水陆兼程万余里回到扬州。此次行程最远，历尽艰辛，前后费时两年。日本僧人荣睿因屡经艰险，身患恶疾，不幸仙逝于端州（今广东肇庆），鉴真高足祥彦也于途径吉州（今江西吉安）时病卒。接二连

三的沉重打击，加上旅途中的暑热，使鉴真突患眼疾，经诊治无效，遂至失明，第五次东渡以失败告终。

天宝十二年（753年），日本遣唐使藤原清河归国前特地到扬州拜访鉴真，请他东渡日本传法。鉴真欣然应允，乘日本使船赴日，同行的有日本僧人普照、扬州僧人法进、泉州僧人昙静、台州僧人思托、滕州尼智首等24人。带去的物品除经像法物外，还有东晋书法家王羲之、王献之行书摹本数件。经过一个多月的航行，终于到达日本九洲萨摩国的秋妻屋浦（今日本九洲南部）。754年2月，抵达日本首都奈良。这时，鉴真已是66岁的老人了。他历时10载，其志不坠，终于实现了弘法扶桑的美好心愿。

鉴真东渡日本，将盛唐文化全面地介绍给日本人民，对日本的佛学、建筑、雕塑、工艺技术以及医药学等都产生了巨大影响，给正由奴隶社会向封建社会转化的日本注入了活力，为其社会、经济、文化发展做出了不可磨灭的贡献，因此，日本人都尊称他为"过海大师"。然而，作为中日两国民间文化交流的使者，鉴真身上仍有一些谜团尚未解开，他在东渡之前是否失明就是其中之一。

传统观点认为，鉴真第五次东渡时，自广州到韶州，由于"频经炎热，眼光暗昧，爰有胡人言能治目，请加疗治，眼遂失明"（日本真人元开《唐大和上东征传》）。可见，鉴真在东渡日本之前已经失明。然而，有人对此提出质疑，认为鉴真是去日本后失明的。

首先，中国唐宋时期的史书均未记载鉴真失明一事，《宋高僧传》卷14"鉴真传"也从未提及，只有日本真人元开《唐大和上东征传》记述了此事，显然这只是孤证。倘若鉴真在第五次东渡失败后失明（750年），至东渡成功（753年），足足有 3 年时间，这期间他仍在江南一带讲学，若鉴地当时已失明，当地僧众怎会不知道？那些编纂高僧传记的人怎会不将其写入书中？因此，中国典籍未记载鉴真失明就恰好证明了他是东渡之后失明的。

其次，据学者考证，真人元开《唐大和上东征传》的原始史料，来源于始终跟随鉴真东渡的僧人思托的《鉴真传》，其中鉴真东渡以前的历史尤其如此。该书已经失传，佚文散见于《平氏杂勘文》《圣德太子传历》《东大寺要录》等书，均没有记载鉴真失明的部分，因此无法印证《东征传》中"眼遂失明"一句是否有误。但是根据上下文以常理揣之，似觉情理不通：既声眼光暗昧，胡人能治，请其治疗，理应好转，怎么会失明呢？此处疑点极大，很有可能是元开根据道听途说记入了《东征传》。假设鉴真东渡之前已经失明，来到日本后在日常生活中应感到不便，可是《东征传》中始终找不到这方面的记载。看来，鉴真东渡之前并未失明。

再次，鉴真天宝九年（750 年）第五次东渡，由韶州到江宁时，弟子灵佑出寺相迎，曾对师父说出"盲龟开目"等言语。龟由于是灵物，以此喻师尚可，但盲字未免不雅，如果此时鉴真已经失明，灵佑再说出这种话来明显是大不敬。徒弟既然能毫无顾忌地说出盲龟，证明师父鉴真当时并没有失明。

最后，日本正仓院至今保存有一张《鉴真书状》，据说这是当年鉴真书写的借书条，虽信手写来，却字迹端正秀美，颇具唐人书法风采。该

份书状也有涂改重写的地方，但位置完全与原字相合，那显然不是盲人所能轻易做到的。因此可以断定鉴真其时尚未失明，失明之事只能发生于赴日之后的十多年中。

经过上述分析可以看出，鉴真失明之事多是日本史书所载，中国史籍从未言及；然而，令人生疑的是日本人所记也不尽相同。据成书于8世纪末9世纪初的《续日本纪》卷24天平宝字七年（唐代宗宝应二年，763年）五月戊申条说，鉴真在天宝七年渡海失败后，由于随行的日本僧人荣睿病故，他痛由心生，因此而致"悲泣失明"。显然不同于《东征传》中所述因胡人诊治不善而致失明。《续日本纪》还记载有鉴真到日本后天皇令他校正佛经纰漏及辨别药材真伪之事，鉴真虽双目失明，却凭借非凡的记忆力及敏锐的嗅觉——辨识，而毫无错失。以此推测，鉴真确实是在未到日本之前就已经失明了。那么，为什么《东征传》和《续日本纪》记载的鉴真失明原因会不同呢？

以现有的资料还不能确切证实鉴真东渡之前是否已经失明。对其失明原因，不同学者也有不同意见。要彻底解开这个千古疑案，仍需继续研究中日两国的相关史料。

后 记

　　唐朝，是中国历史上空前繁荣昌盛、辉煌壮丽的朝代，在中华民族的发展史上占有重要的地位。在长达二千余年的中国封建社会发展史中，历史沿着曲折的道路向前推进，并且呈现出波浪式的前进轨迹，社会经济繁荣、文化昌盛、国家强大的唐朝是一个公认的高潮时期。

　　唐朝的大气和诗意令很多人向往，它的神秘和黑暗往往被人们有限的阅读所掩盖。本书讲述了发生在唐朝的几大离奇悬案、怪案，这些案件会让读者看到唐朝由盛转衰的一面。这些案件会使读者在轻松愉快的阅读中，丰富人生的阅历，增长见识，是爱书人士不可错过的精彩。

　　唐朝的文化，是中国文化艺术宝库里不可多得的珍品，响彻古今的诗文化就是在这个时候逐步发展并走向成熟的，诗歌的发展随着唐朝政治的变化分为初唐、中唐、盛唐、晚唐四个时期，每个时期都有一大批著名诗人，他们所创作的优秀诗篇在中国文化史上像璀璨的明珠一样照耀着后世。唐朝的另一个文化亮点就是宗教文化的大发展，佛教在这个

时期完成了一次大"聚变"，从此走向中兴，成为对中国老百姓影响最大、最久的一个宗教。另外，唐朝的书法、绘画、陶瓷艺术、石窟艺术、茶文化等都很有建树，对后世的影响也很大。

唐朝的历史无论是在政治上，还是在经济文化上都值得我们深深地回味。唐朝在最兴盛的"开元盛世"之后，急转而下，走向衰败，其发展轨迹所揭示的兴衰成败的历史规律更值得我们深入学习与研究。

这是中国历史的巅峰王朝，以其前所未有的辉煌与繁荣开创了中国历史的新纪元。唐朝三百年，其间交织着政治的博弈、灿烂的文化、铁血的浪漫。虽然昔日的繁华早已不在，边关的笛声也已消沉，但唐朝的荣光依然照耀着我们。本书将带领我们穿越千年的时光，去细细品味三百年的唐朝历史。